¡Adelgaza!

PILLO

¡Adelgaza!

Sin que te tomen el pelo
ni te quiten salud

Obra editada en colaboración con Editorial Planeta, S.A. – España

Ilustración de portada: Shutterstock

© 2012, José Enrique Campillo Álvarez
Derechos cedidos a través de Silvia Bastos, S.L., Agencia literaria

De todas las ediciones en castellano
© 2012, Editorial Planeta, S.A. – Barcelona, España

Derechos reservados

© 2017, Ediciones Culturales Paidós, S.A. de C.V.
Bajo el sello editorial PAIDÓS M.R.
Avenida Presidente Masarik núm. 111, Piso 2
Colonia Polanco V Sección
Deleg. Miguel Hidalgo
C.P. 11560, Ciudad de México
www.planetadelibros.com.mx
www.paidos.com.mx

Primera edición impresa en España: febrero de 2012
ISBN: 978-84-9998-024-9

Primera edición impresa en México: enero de 2017
ISBN: 978-607-747-312-1

Impreso en los talleres de Litográfica Ingramex, S.A. de C.V.
Centeno núm. 162-1, colonia Granjas Esmeralda, Ciudad de México
Impreso y hecho en México – *Printed and made in Mexico*

Contenido

¿Por qué este libro?

Jugar al yoyo con los kilos

¿Quién no ha intentado alguna vez (o muchas veces) perder algo de peso? ¿Quién no ha sufrido la penosa decepción de ver cómo se van recuperando en pocos días los kilos que se perdieron con aquella dieta maravillosa?

Más del 50% de las personas que viven en países desarrollados y opulentos han recurrido, o recurren habitualmente, a seguir alguna dieta o a utilizar algún remedio para perder esos pocos o muchos kilos que les sobran. ¡Engordar es tan fácil y acumular grasa produce tanto placer! Pero adelgazar no es fácil y siempre exige algún sacrificio y ¿a quién le gusta pasarla mal? Por eso nos dejamos embaucar por todo tipo de dietas que se anuncian en revistas o en cubiertas de libros, que nos garantizan perder muchos kilos con poco esfuerzo. También nos atraen de manera irresistible las pastillas o los artilugios que nos prometen lo que no nos pueden dar.

Así, cuando el sol comienza a calentar, los días van siendo más largos y los cuerpos comienzan a exhibirse, los puestos de periódicos se llenan de revistas con grandes titulares que ofrecen «cuerpo de playa en dos semanas», que nos garantizan con sus dietas la delgadez eterna y una figura maravillosa y juvenil para siempre.

Es que no escarmentamos. Los cuerpos han ido acumulando grasa a lo largo de muchos años de dedicación al sedentarismo y al exceso de alimentos, a tantas bodas y bautizos y a tantos fines de semana de alcohol y de grasas. Pero cuando decidimos, por razones diversas, perder ese peso que nos sobra, queremos hacerlo de manera rápida y sin que nos ocasione el menor sacrificio. Entonces recurrimos a cualquiera de los numerosos métodos milagrosos o pseudocientíficos que proliferan según las modas y que llegan a nuestro conocimiento a través de los medios de comunicación, por el comentario de alguna famosa en cualquier programa de televisión o mediante el consejo del amigo que lo está siguiendo y que, según sus propias manifestaciones, está consiguiendo resultados espectaculares.

Pero lo normal, según advierten las estadísticas y señala la experiencia, es que con esas dietas y remedios milagrosos —aunque nos hagan perder algunos kilos— recuperemos rápidamente el peso perdido: entre un 60% y un 90% de las veces según las estadísticas oficiales. Y como no escarmentamos, casi siempre se reincide con otra dieta o método milagroso diferente —"este sí funciona", se engaña uno a sí mismo— y al cabo de unos cuantos meses o de años se recupera el mismo sobrepeso, tras padecer varios rebotes consecutivos.

Pero esta batalla del estira y afloja ponderal pasa factura; el organismo suele salir de esas contiendas lleno de cicatrices metabólicas y de deficiencias nutricionales que con frecuencia desencadenan alguna enfermedad grave.

Yo creo que el verdadero problema reside en que hay dos cosas que no nos gusta hacer con esfuerzo: aprender inglés y adelgazar; y todos sabemos que ninguno de esos objetivos se logra sin una buena disposición de ánimo, una dedicación constante y un método adecuado.

Adelgazar sin que nos tomen el pelo

Adelgazar no es fácil, requiere tener la firme convicción de que realmente se desea hacerlo, fijar un objetivo razonable del peso al que se quiera llegar, estar dispuesto a someterse al esfuerzo y disciplina que requiere la tarea y finalmente asumir que se ha de cambiar el estilo de vida.

Pero hay que tener cuidado con el método que se va a utilizar, ya que algunos de los que se nos ofrecen mediante anuncios engañosos pueden producir daños a nuestra salud y a nuestro bolsillo, además de darnos pocos resultados en el adelgazamiento.

Los milagros no existen. Pero siempre hay alguien que abusa de nuestra credulidad y nos quiere vender su remedio milagroso. Nuestra ilusión es tanta que caemos una y otra vez en ese remedio ineficaz y peligroso que nos vuelven a ofrecer con un envoltorio diferente.

El gasto total que se realiza en todo lo que tiene que ver con el adelgazamiento: libros, dietas programadas, medicamentos, alimentos especiales de las dietas, cremas y lociones para reducciones locales de grasa, artilugios diversos (como pulseras, anillos o plantillas devoragrasas) y todo lo que la imaginación pueda dar supone un desembolso importante dentro de la economía familiar. Un dato significativo es que las familias españolas gastan tanto dinero al año en todo lo relacionado con el adelgazamiento como en material escolar.

Y en la mayoría de los casos cuando, tras intentar seguir durante meses ese método complicado descrito en el libro de moda, volvemos a recuperar los kilos del inicio (o los sobrepasamos), nos queda la sensación de que nos han tomado el pelo y nos han timado.

Adelgazar sin que nos quiten salud

Adelgazar tiene una doble conexión con nuestra salud. Por una parte, perder el peso que nos sobra es una gran inversión en salud, aparte del interés estético; por otra, casi todas las dietas milagrosas tienen algún defecto nutricional que a la larga puede dañar seriamente nuestra salud.

Los métodos de adelgazamiento realizados sin el control de un experto pueden desencadenar graves enfermedades, como la anorexia nerviosa, alteraciones tiroideas o deficiencias nutricionales crónicas, como anemia y osteoporosis, entre otras. Insisto: el principal factor desencadenante de una anorexia nerviosa en niñas es un adelgazamiento rápido e intenso a causa de una dieta incorrecta.

La reiteración de estos métodos y los subsiguientes rebotes fomentan una actitud negativa ante la posibilidad de adelgazar en personas que lo necesitan desde un punto de vista terapéutico.

Es decir, la mayor parte de los remedios milagrosos que asedian a la opinión pública, desde cualquier medio, no son propuestas anecdóticas o divertidas que solo afectan al bolsillo del interesado, sino invitaciones engañosas, envueltas en un vistoso papel de cientifismo, que pueden llegar a ser muy peligrosas para la salud.

Sean prudentes, los milagros dietéticos siempre nos cuestan un elevado precio, no solo en metálico, sino en la moneda de nuestra salud.

¡Todos a la Puerta del Sol!

Qué conmoción se produciría en toda España si todos los «indignados dietéticos» se lanzaran a montar campamentos en las plazas y parques de las ciudades españolas. ¿Se imaginan? Enormes hogueras con toneladas de libros inútiles y mentirosos, montones de pulseras magnéticas, anillos astrales, joyas devoragrasas, pastillas fraudulentas y demás artilugios diversos que nos han vendido. ¿En qué montón echaríamos las horas de consultas médicas que hemos necesitado para tratar esa anemia, esa osteoporosis, aquella anorexia nerviosa o aquel hipertiroidismo que nos produjo una dieta incorrecta? ¿Quién nos resarcirá por la salud perdida?

Qué se ofrece en este libro

En las páginas que siguen encontrarán los fundamentos y la descripción detallada de un plan científico de alimentación, equilibrado e hipocalórico, que junto con un programa de ejercicio físico les permitirá ganar salud y perder el peso que les sobra, sin recuperarlo tan fácilmente.

Pero no se confundan. No les estoy vendiendo un nuevo remedio dietético mágico para echar a la hoguera. Aquí no se trata de promocionar otra dieta más: «la dieta Campillo». No, aquí no hay ocurrencias, solo se presenta la única manera científica y natural de adelgazar y mantener el peso logrado. Es un método fácil, natural y actualizado con la incorporación de los últimos conocimientos científicos sobre alimentación y salud. Con este método se puede perder peso sin ocasionarnos una enfermedad carencial e, incluso, ayudarnos a tratar o prevenir problemas como la diabetes, la hipertensión, la hipercolesterolemia o la osteoporosis, entre otros.

En las páginas que siguen, se resaltarán, de manera razonada, los peligros de los remedios mágicos y milagrosos de moda y las causas de los fracasos para adelgazar de manera permanente. También abordaremos las medicinas que existen para facilitar en algunas personas el proceso de adelgazamiento y los métodos científicos que hoy se nos ofrecen para reducir la acumulación de esa grasa localizada, que supone un verdadero problema para algunas personas. Trataremos aspectos como la cirugía de la obesidad (bariátrica), analizaremos qué técnicas existen y para quiénes están indicadas. Finalmente trataremos un aspecto que tanto preocupa a padres y abuelos: la obesidad infantil.

LO QUE OFRECE ESTE LIBRO:

1. Una visión científica y crítica sobre los múltiples, variopintos y peligrosos remedios que hoy se nos ofrecen para adelgazar.

2. Un plan integrado para adelgazar, que incorpora todas las novedades científicas y que, además de ayudarnos a perder peso, nos proporcionará más salud sin irritarnos y sin empobrecernos.

3. Una información crítica y completa sobre los métodos que la ciencia pone al alcance de quienes quieren perder el exceso de grasa corporal, tanto general como localizada.

Capítulo 1

Adelgazar: ¿misión imposible?

Perder peso siempre es difícil, pero, como casi todo en esta vida, para unos lo es más y para otros menos. Todos tenemos algún conocido que sube y baja de peso con una facilidad pasmosa y sin apenas esfuerzo, mientras que a nosotros nos cuesta un montón perder los tres kilos que cada año nos regala la Navidad.

Esta diferencia en la respuesta metabólica de cada persona ocasiona que cada cual responda de manera diferente frente a un mismo plan para adelgazar. Lo ideal es que los planes de alimentación para perder peso sean personalizados. Precisamente, una de las ventajas del plan integral para perder peso que proponemos en este libro es lo bien que se ajusta a las condiciones y circunstancias de cada persona y lo fácil que es adaptarlo a los gustos y hábitos de cualquiera.

Es un plan de alimentación científico y reconocido universalmente, pero para que su aplicación sea completamente eficaz es necesario que las personas conozcan algunos de los conceptos fundamentales respecto al peso corporal.

¿Cuál es el peso ideal?

Esto depende del punto de vista que consideremos. Para muchas personas el peso ideal es el que les permite contemplarse con satisfacción delante de un espejo, vestidos solo con su ropa interior. Hay que respetar que muchos gordos sean felices de serlo. Pero desde el punto de vista médico, el de la salud, existen unas recomendaciones aceptadas por todos.

Se barajan numerosos índices para catalogar oficialmente el grado de gordura, pero se considera el más representativo a nivel mundial el índice de masa corporal (IMC). El IMC se calcula dividiendo el peso en kilogramos por la talla en metros elevada al cuadrado. Tomando como ejemplo a una persona que pese 80 kilogramos y que mida 1.72 metros, su IMC será 80 dividido entre 1.72 al cuadrado. El resultado es un IMC de 27.

$$IMC = \frac{Peso}{Talla \times Talla}$$

Desde un punto de vista médico, el índice de masa corporal permite clasificar los diferentes grados de gordura en la persona adulta. La delgadez comienza a partir de un IMC inferior a 18.5 y el sobrepeso a partir de un IMC superior a 25. A partir de 30 comienza la obesidad y con más de 40 ya entramos en la obesidad mórbida. Estas cifras son comunes para hombres y para mujeres. Por lo tanto, desde el punto de vista de la salud, lo más conveniente es tener un IMC por debajo de 25.

Conviene insistir en que la percepción subjetiva que cada uno tenemos de nuestra propia masa corporal es, con frecuencia, muy diferente al diagnóstico que nos otorga una cifra oficial o, incluso, a la percepción que de nuestro peso tienen aquellos que nos rodean. Por eso muchas personas se ven llenas de lonjas o con una enorme panza aunque tengan un IMC de 26 y otras, por el contrario, se ven estupendas con un IMC superior a 30.

¿Pera o manzana?

La obesidad, a cualquier edad, es en sí misma una enfermedad crónica, pero además es la madre de muchas de las enfermedades que padecemos los habitantes de los países desarrollados y opulentos; es una enfermedad que merma nuestra calidad de vida y reduce nuestra longevidad. La obesidad puede ser desencadenante de alteraciones como la fatiga; problemas intestinales, hepáticos y biliares; problemas circulatorios, sobre todo en las piernas (várices); enfermedades cardiovasculares (infarto, ictus); diabetes; hipertensión; dislipemia (elevados niveles de colesterol o de triglicéridos en sangre); aterosclerosis; algunos tipos de cáncer, como el cáncer de mama o de colon (entre otros); problemas respiratorios; apnea del sueño; artrosis; problemas psicológicos y de exclusión social; riesgo de accidentes; etcétera.

No todos los grados y tipos de obesidad ocasionan los mismos riesgos ni favorecen las mismas enfermedades. Hoy sabemos que no solo importa la cantidad total de grasa que nos sobra, sino también la manera en que ese exceso se distribuye en nuestro organismo. Hay dos patrones fundamentales de distribución de la masa grasa: por un lado se encuentra la llamada *obesidad central,* o en manzana, que se da cuando la grasa se acumula en el centro del organismo, a nivel de la cintura; y por otro lado está la llamada *obesidad periférica*, o en pera, que se da cuando la grasa se acumula preferentemente en la parte inferior del cuerpo, en la cadera y en los muslos. Cualquier obesidad es peligrosa para la salud, pero todos los estudios coinciden en señalar que el riesgo es mucho mayor si la acumulación de grasa ocurre en la cintura.

Si usted padece una obesidad periférica, en pera, con toda la grasa acumulada en las caderas y en la parte superior de los muslos, padece menor riesgo para la salud, pero posiblemente se acreciente su interés estético para perder los kilos que le sobran, con el fin de que le entre ese pantalón maravilloso que se quiere comprar o no sobresalgan las llantas por fuera del traje de baño.

La obesidad central ya es otra cosa; las «barrigas cerveceras» no son nada saludables, son un grave factor de riesgo cardiovascular. A esta obesidad central se le ha llamado *androide*, por ser más evidente en los hombres, a causa de que tienen menos caderas; por eso son tan llamativas esas panzas que se ven en las playas contrastando con unos escuálidos muslos. Pero la realidad estadística señala que la obesidad central es tan frecuente en las mujeres como en los hombres, aunque en ellas el abdomen quede más disimulado por su diferente estructura corporal.

Determinar si padecemos una obesidad central es muy fácil. Solo hay que tomar la cinta métrica del costurero y medirnos el perímetro de la cintura. Los libros que tratan sobre esto aconsejan medirse la cintura a nivel del ombligo. No hagan caso. Algunos de ustedes ya saben, y a los otros se lo digo yo, que hay personas con una cierta edad y unos kilos de más en las que el ombligo puede haber alcanzado profundidades insospechadas. Por eso lo mejor es medirse la cintura en el punto medio entre las costillas y las crestas ilíacas, que son los huesos que resaltan a ambos lados de la cadera, sin hacer caso de donde esté el ombligo. Se padece obesidad central cuando el perímetro de la cintura es mayor de 102 cm en el hombre y de 88 cm en la mujer.

RIESGO CARDIOVASCULAR SEGÚN EL ÍNDICE
DE MASA CORPORAL Y EL PERÍMETRO DE CINTURA

Tipo	IMC	PC	Riesgo
Sobrepeso	25 a 29.9	menos de 102 / 88	aumentado
Sobrepeso	25 a 29.9	más de 102 / 88	alto
Obesidad	más de 30	menos de 102 / 88	muy alto
Obesidad	más de 30	más de 102 / 88	extremo

* Los valores de índice de masa corporal (IMC) y de perímetro de cintura (PC) suman sus influencias para determinar el grado de riesgo para la salud. Para un mismo valor de IMC, el riesgo será mayor cuanta más grasa abdominal haya (mayor perímetro de cintura). Basada en *Comer sano para vivir más y mejor* (Paidós).

La dura y gorda realidad

Como se muestra en un magnífico cuadro de Botero, *Escena familiar* (1969), vemos que está gordo el papá, está gorda la mamá y están rollizos los dos hijos, que han heredado sus genes. Es una demostración gráfica de la importancia de los factores genéticos en este asunto de la obesidad. Pero si se fijan bien, el gato que Botero pinta en el cuadro también está obeso. Dado que aquí no podemos implicar a la herencia, hay que asumir que existen otros factores involucrados. El gato está obeso porque lleva el mismo estilo de vida que sus dueños; fundamentalmente el sedentarismo y el exceso de alimentos. La genética y el estilo de vida son los dos factores principales que determinan la serie de alteraciones hormonales y conductuales que conducen al exceso de peso.

La hiperalimentación se refiere no solo a que comemos mucho, sino a que también lo hacemos mal: nos atiborramos de alimentos fritos y empanizados, bien empapados en grasa; abusamos de platillos preparados que contienen grasas poco saludables y muy calóricas y nos atracamos todos los días de alimentos dulces (panes, pasteles, chocolates, refrescos, etc.), entre otros muchos defectos de la alimentación que resaltaremos en las páginas de este libro.

En cuanto al sedentarismo, es una epidemia de las sociedades desarrolladas que ocasiona que muchas personas —y, lo que es peor, muchos niños— apenas muevan su masa muscular a lo largo del día; y si no hacen ejercicio físico, no gastan suficiente energía para compensar la que han ingerido con los alimentos.

Los aspectos conductuales también son importantes para generar y mantener el sobrepeso. Por ejemplo, hoy día muchos agricultores están obesos y tienen grandes panzas, en contraste con la delgadez fibrosa que tenían sus padres. Esto se debe, en la mayor parte de los casos, a que cada día comen en sus casas la comida tradicional de un agricultor, en cantidad y en calidad, aunque hoy realicen apenas la cuarta parte del esfuerzo físico que realizaban sus padres. A ello hay que sumarle numerosas variables afectivas y emocionales que incluyen una amplia gama de situaciones, como problemas personales y familiares, estrés laboral, soledad y exclusión social, estados de ansiedad o percepción alterada de la imagen corporal.

De momento no podemos modificar la condición genética, aunque los científicos lo están intentando, pero podemos intervenir en los estilos de vida erróneos que, entre otras cosas, ocasionan que se alteren nuestros genes y nos hagan engordar.

El que se tengan unos determinados genes «malos» no implica que se vayan a padecer sus efectos. Los genes productores de cualquier enfermedad pueden quedarse calladitos, sin dar lata y sin manifestarse, o bien comenzar a gritar que ellos están allí y que quieren hacer de las suyas. Esto en términos científicos se llama *expresión genética*.

Pues bien, los factores ambientales incorrectos pueden hacer que esos genes malos, en vez de permanecer en silencio toda la vida, se expresen y desencadenen alguna enfermedad. Por ejemplo, una persona puede tener genes que la predispongan para el cáncer de colon; si lleva toda una vida de mala alimentación, pobre en fibra vegetal y excesiva en carnes rojas, puede ocurrir que sus genes malos se expresen precozmente desencadenando un cáncer de colon en edades tempranas; pero si lleva una alimentación más sana, con pocas carnes y muchos alimentos vegetales ricos en fibra, probablemente sus genes tardarán en expresarse y puede morirse de cualquier cosa sin haber desarrollado cáncer o habiéndolo hecho a una edad muy avanzada.

Esto es lo que sucede con los genes de la obesidad: podemos haber heredado muchos o pocos, pero hay que estimularlos para que se expresen, lo que se consigue mediante un estilo de vida sedentario y con una alimentación incorrecta, como ya hemos comentado.

La empinada escalera genética

Los genes que promueven la obesidad son mutaciones muy antiguas que nos llegan desde un pasado evolutivo de millones de años de antigüedad. Son los llamados *genes ahorradores*. El problema es que en la lotería de la genética a unos solo les han tocado unas pocas papeletas para la tómbola de la gordura y, en cambio, a otros les ha tocado el premio gordo. Desde este punto de vista podemos imaginar el esfuerzo que cada cual requiere para adelgazar como el que se necesita para subir una empinada y difícil escalera con varios escalones.[1]

---

[1] J.E. Campillo, *El mono obeso*, Crítica, 2010.

Aquellos que apenas albergan en su genoma algún gen ahorrador solo tienen que superar un escalón para adelgazar. Estas personas casi no ahorran energía y están siempre delgadas, coman lo que coman, para desesperación de sus amigos y familiares. Todos conocemos a alguno de estos afortunados. Son personas que, si por alguna circunstancia extraña, como por ejemplo tener que estar inmovilizados por una fractura de un hueso, engordan, recuperan rápidamente su peso habitual con solo algo de dieta y un poco de ejercicio físico.

Por el contrario, otras personas necesitan subir más escalones para adelgazar, lo que les supone un mayor esfuerzo. Son las personas que tienen en su genoma bastantes genes ahorradores, aunque no demasiados, por lo que no tienen una gran tendencia a engordar pero, a base de años de excesos, acaban acumulando unos kilos de más. En ellos los planes de adelgazamiento son eficaces y con mayor o menor dedicación y esfuerzo pueden recuperar su peso normal en un plazo razonable de tiempo.

El tercer grupo lo forman aquellos que han heredado en su genoma muchos genes ahorradores. Son los que tienen que superar varios penosos escalones si quieren adelgazar. Son esas personas que a poco que se descuiden (picoteos, abusos de fines de semana, navidades, bodas, comuniones, bautizos, etc.) aumentan mucho de peso y luego les resulta muy difícil, y exige un notable esfuerzo, perder los kilos que les sobran. En ellos es conveniente recurrir a la utilización de alguna medicina antiobesidad para adelgazar, que ayude a las medidas dietéticas y de ejercicio físico, u optar por los planes a base de dietas estrictas, las llamadas *dietas muy bajas en calorías*, que solo pueden aplicarse bajo supervisión de un médico. Ambas posibilidades se comentarán más adelante.

En el extremo final tenemos a aquellas personas a las que, en la lotería fatídica, les ha tocado heredar el catálogo completo de genes ahorradores. Estas personas siempre están gordas hagan lo que hagan. Fueron niños obesos, luego jóvenes gordos y más tarde adultos con obesidades mórbidas, que afectan a su calidad de vida y les provocan numerosas enfermedades. Estas personas no pueden adelgazar por sus propios medios, ni con dietas estrictas ni con medicación, ya que es muy difícil superar los muchos escalones genéticos que necesitan subir para adelgazar. Suelen gastar gran parte de su vida en un continuo intento para perder peso. La solución final en estas personas, casi siempre, es la cirugía bariátrica y una reeducación nutricional, acompañada de asesoramiento endocrinológico, nutricional y psicológico.

A algunas personas les cuesta más que a otras adelgazar, pero hoy existen métodos científicos, sensatos y honrados, que permiten alcanzar y mantener el peso deseado y la mejor salud posible en casi todas las circunstancias genéticas y ambientales que se puedan dar.

Sin embargo, si se buscan milagros y se recurre a dietas absurdas, solo se conseguirá una deficiencia nutricional que puede ocasionar alguna enfermedad grave.

Capítulo 2

La cuenta de ahorros de grasa

Para comprender bien cómo funciona el plan integral que proponemos en este librito y, en general, para comprender las dificultades que uno se puede encontrar cuando intenta adelgazar, es muy útil recurrir al símil bancario, que describimos a continuación.

Casi todo el mundo tiene una cuenta de ahorros en un banco y la cuantía del dinero acumulado depende del balance entre lo que metemos y lo que sacamos. Nuestra cuenta de ahorros «engorda» cuando ingresamos mucho dinero de forma habitual (sueldo, ingresos por el trabajo) o extraordinaria (lotería, herencia) y, a la vez, sacamos poco porque hacemos un gasto escaso en atender las necesidades básicas (comida, vivienda, vestido) y apenas tenemos gastos extraordinarios (viajes, cambio de coche, fiestas). Por el contrario, para que nuestra cuenta de ahorros reduzca la cuantía del dinero acumulado («adelgace») se requiere que disminuyan los ingresos y que, a la par, aumenten los gastos. Fíjense bien en un detalle: aunque se reduzcan un poco los ingresos (nos han reducido el sueldo por la crisis) el dinero acumulado en nuestra cuenta apenas se modifica mientras no aumentemos el nivel de gasto.

Nuestro organismo funciona como un banco capaz de atesorar el exceso de energía en nuestra cuenta de ahorro de la grasa corporal y la cuantía de grasa acumulada depende del balance entre la energía que metemos y la que sacamos de nuestro organismo. Nuestra cuenta de grasa engorda cuando comemos en exceso, bien de forma habitual (las comidas diarias habituales) o extraordinaria (comilonas de fiestas, caprichos entre horas) y porque gastamos poca energía en atender las necesidades básicas de nuestro organismo (metabolismo basal) y realizamos poco gasto extraordinario (ejercicio físico). Fíjese bien en este otro detalle: por mucho que reduzca la cantidad de comida que ingiera, aquí como en el caso de la cuenta bancaria, la grasa acumulada en nuestro cuerpo se reduce poco, a no ser que aumentemos el nivel de gasto (ejercicio físico).

El ser humano posee dos características fundamentales que hacen que tengamos una gran facilidad para aumentar el saldo en nuestra cuenta de ahorro de grasa corporal. La primera de estas propiedades es que poseemos una extraordinaria capacidad de acumular grasa; de hecho estamos catalogados entre los animales más grasos que existen; superamos incluso a muchos mamíferos marinos. Esta virtud ocasiona que cuando incorporamos, en forma de alimentos, más energía de la que gastamos, este exceso se acumule con facilidad en forma de grasa por todo el cuerpo, fundamentalmente debajo de la piel (grasa subcutánea) y en la cavidad abdominal (grasa visceral).

La segunda de las propiedades es que somos capaces de fabricar grasa a partir de nutrientes que no son grasas, como los azúcares. Por esto, como veremos más adelante, la ciencia moderna considera que en muchas personas gran parte de la grasa acumulada se debe a un consumo excesivo de azúcares, más que de grasa. También justifica que casi todas las dietas disociadas modernas (Atkins, Montignac, dieta de la zona) pongan un mayor acento en la restricción de los azúcares que de las grasas. El plan que proponemos incorpora estas novedades, de una manera razonable.

Así que, sin desdeñar los numerosos factores genéticos, hormonales o psicológicos que influyen en nuestro peso, la realidad es que no se puede acumular grasa si no se introduce dentro del organismo más energía de la que se gasta. Esto tampoco es una verdad absoluta, ya que, como vimos al hablar de los genes ahorradores, todo depende de cuántos de estos genes hayamos heredado. Para aquellas personas con pocos genes ahorradores, los *supergastosos*, todo es gastar y, por eso, a pesar de que coman mucho, apenas ahorran energía en forma de grasa y no engordan. En el otro extremo están los *superahorradores*, con todo el catálogo de genes ahorradores y un metabolismo que gasta tan poco y tiene tal tendencia al ahorro que casi cualquier cosa que coman se convierte en grasa que acumulan en su cuenta de ahorro corporal y les hace estar casi siempre gordos.

Las calorías y la energía

El plan integral que proponemos atiende a modificar de una manera armónica los dos conceptos, ingresos (alimentación) y gastos (ejercicio físico), para lograr una pérdida de peso fisiológica, saludable y permanente. Pero antes tenemos que hablar un poco de monedas. En las cuentas bancarias la moneda es el·euro; pero en la cuenta de ahorros de la grasa corporal la moneda es la kilocaloría.

Los hidratos de carbono, los lípidos y las proteínas que están contenidos en los alimentos pueden quemarse en el organismo para producir energía; una energía que el organismo emplea después para realizar todos los trabajos que implican el hecho de vivir y permitir el movimiento. Cualquier actividad que realicemos, sea la que sea, consume energía.

En nuestro coche, la energía liberada al consumir gasolina sirve para que ande (trabajo mecánico), para poder oír la radio (trabajo eléctrico) o para proporcionar calor o frío según las necesidades (trabajo térmico). De la misma forma, en la máquina humana la energía liberada en la combustión de los nutrientes puede utilizarse para movernos, para permitir que nuestro cerebro funcione o para regular nuestra temperatura, entre otras muchas funciones más.

La energía que proporcionan los alimentos y la que consume el organismo se expresa en kilocalorías (kcal), es lo que en lenguaje coloquial se dice calorías a secas. En algunas etiquetas de alimentos también se puede encontrar la nomenclatura internacional en kilojulios (kj); 1 kcal equivale a 4.18 kj. Cada gramo de proteínas o de hidratos de carbono produce, al quemarse (oxidarse) en nuestro organismo, 4 kcal; los lípidos generan 9 kcal por gramo, y el alcohol, que desde el punto de vista de las calorías se comporta como una grasa, 7 kcal por gramo.

Veamos algunos ejemplos. Un sobre de azúcar de la que echamos al café suele contener 10 gramos de azúcar pura, refinada; como el azúcar produce 4 kcal por gramo al quemarse, uno de estos sobrecitos nos aporta 40 kcal. Una cucharada sopera de aceite de oliva contiene unos 10 gramos de aceite, que es casi grasa pura; como los lípidos proporcionan 9 kcal por gramo al quemarse, una cucharada de aceite de oliva nos aporta 90 kcal (¡cuidado con la cantidad que echamos en la ensalada!). Una copa de vino de una graduación del 12% aporta unas 60 kcal y una copa de licor (con una graduación en torno al 40%) puede aportarnos 200 kilocalorías.

Existen en internet numerosas tablas con el contenido calórico de numerosos alimentos de uso cotidiano, que nos pueden ayudar a calcular de una manera sencilla cuántas calorías nos aportan los alimentos que consumimos cada día y así regular mejor nuestro plan de alimentación.

Una de estas páginas de internet nos proporciona, de una manera fácil y completa, los detalles nutricionales de numerosos alimentos y guisados de uso común: http://www.dietas.net/tablas-y-calculadoras/tabla-de-composicion-nutricional-por-platos/.

VALOR APROXIMADO DE KILOCALORÍAS
DE ALGUNOS DE LOS ALIMENTOS

Infusión (café o té) sin azúcar y con leche descremada . .	10
Pan integral tostado (50 g)	125
Una rebanada (30 g) de pan integral de caja	80
Una ración (50 g) de cereales de desayuno con fibra . . .	130
Un jugo de frutas (un vaso) sin azúcar añadida (según el tipo de fruta)	40-60
Una pieza o porción mediana de fruta fresca (según el tipo de fruta)	40-60
Un tazón de gazpacho o plato de ensalada con poco aceite	50-75
Un plato de guisado de verduras, en sopa o puré (según elaboración)	80-200
Carne magra (100 g)	110-200
Pescado blanco (150 g)	80-150
Pescado azul (100 g)	120-220
Una lata de atún en aceite (50 g) escurrida	140
Dos huevos medianos (60 g)	150-200
Arroz, pasta o legumbres (100 g)	90-250
Champiñones a la plancha con poco aceite (100 g)	50-100
Un vaso de leche descremada	100
Un yogur descremado	70
Porción de queso manchego (50 g)	180
Tres nueces peladas (10 g)	70
Copa de vino o vaso de cerveza (según gradación)	45-65
Una cucharada sopera de aceite de oliva virgen (10 g) . .	90
4 galletas María	70

* Si los purés, las sopas y los guisados de verduras se hacen con poco aceite, sin usar mantequilla ni tocino, ni papa ni zanahorias, normalmente no superan las 150 kcal por ración. El arroz, las pastas y las legumbres varían mucho en las calorías que aportan según cómo se cocinen.

¿En qué gastamos la energía?

El gasto de nuestro dinero energético (kilocalorías por 24 horas) se distribuye en dos conceptos fundamentales, que describiremos brevemente.

Gasto metabólico basal, en reposo

El hecho de mantenernos vivos cuando estamos en reposo físico y mental, sin realizar ningún movimiento, contando solo el gasto que realizan el cerebro, el corazón, los pulmones, los intestinos y el mantenimiento del tono de nuestros músculos y del calor corporal, etc., consume una cierta cantidad de energía que denominamos metabolismo basal o, mejor, gasto metabólico en reposo.

En general representa entre el 60% y 70% de las kilocalorías diarias consumidas. Está muy elevado en los niños y sufre un descenso paulatino a lo largo de la vida. Además, a igual edad, el gasto energético por metabolismo basal es mayor en el hombre que en la mujer. Esto se debe fundamentalmente a que el hombre posee más masa magra (músculos, huesos), que consume mucha energía.

El metabolismo basal viene determinado por nuestras condiciones fisiológicas y personales y solo existen muy limitadas posibilidades de incrementarlo, como luego veremos.

Gasto metabólico por el movimiento

Ejercicios físicos como caminar, correr, levantar un peso, hacer el amor, andar en bicicleta, planchar, coser o hacer camas requieren movimiento, es decir, contracción muscular, y ello supone un consumo extra de energía, por encima del metabolismo basal. Se calcula que para una actividad moderada (estilo de vida normal más una hora de caminar) puede representar un 20% del total de la energía (kilocalorías) diaria consumida.

Cálculo del balance energético personal

Hay una forma sencilla de calcular, de forma aproximada, cuánta energía gastamos cada día, teniendo en cuenta el sexo, las características antropométricas y el nivel de actividad física (AF). Para ello solo hay que aplicar, en cada caso, las sencillas ecuaciones que se muestran a continuación. También existen numerosas páginas en internet con tablas y calculadoras automáticas con las que podemos saber cuántas kilocalorías gastamos cada día. Dos de estas páginas son: www.dietas.net (mirar en tablas y calculadora) y www.kelloggs.es/nutricion/.

Para hombres: Peso (kg) × 1 × 24 × AF

Para mujeres: Peso (kg) × 0.9 × 24 × AF

Para evaluar el valor de AF (grado de actividad física) de cada persona se utilizan los siguientes coeficientes:

	Actividad			
	Ninguna	Ligera	Moderada	Intensa
Hombres	1.10	1.50	1.60	1.80
Mujeres	1.00	1.40	1.50	1.70

Se considera actividad ligera aquella en la que se permanece sentado o en reposo la mayor parte del tiempo: dormir, reposar, estar sentado o de pie, pasear en terreno llano, trabajos ligeros del hogar, jugar a las cartas, coser, cocinar, estudiar, conducir, escribir a máquina, trabajo de oficina, etcétera.

Se considera una actividad moderada pasear a una velocidad de 5 km/h o trotar, trabajos pesados de la casa (limpiar cristales, etc.), de carpintería, de construcción (excepto trabajos duros), de la industria química, de electricidad, tareas agrícolas mecanizadas, golf, cuidado de niños, etcétera.

Se considera una actividad intensa la que se realiza en tareas agrícolas no mecanizadas, minería, trabajos forestales, al cavar, cortar leña, segar a mano, escalar, hacer montañismo o *jogging*, jugar futbol, tenis, bailar, esquiar, etcétera.

Por ejemplo, un hombre de 90 kg de peso y que tenga una actividad física moderada (un trabajo sedentario de oficina con un paseo diario durante una hora a buen ritmo) realizará un gasto metabólico diario de

$$90 \times 1 \times 24 \times 1.60 = 3\ 456 \text{ kcal}$$

Una mujer de 80 kg de peso y que tenga una actividad física moderada (un trabajo de dependienta en unos almacenes y un paseo diario de una hora) tendrá un gasto metabólico diario de

$$80 \times 0.9 \times 24 \times 1.50 = 2\,590 \text{ kilocalorías}$$

Es importante que tengamos en cuenta que lo que más determina el gasto energético es el peso corporal. En los ejemplos anteriores, si el hombre pesara 70 kg, gastaría en las mismas condiciones solo 2 688 kcal; y si la mujer pesara 60 kg, solo gastaría 1944 kilocalorías.

Una consecuencia directa de este hecho es que cuando una persona se pone a dieta y adelgaza 20 kg, reduce su gasto metabólico y consecuentemente disminuye su ritmo de pérdida de peso. Cuántas personas que comienzan una dieta ven que al principio pierden peso rápidamente y luego el adelgazamiento disminuye: se debe a que su organismo intenta adaptarse a la pérdida de peso reduciendo el gasto metabólico.

¿Qué es lo que hay que hacer? Pues, como veremos más adelante al poner en práctica el plan integral que les proponemos, hay que ir ajustando la dieta (reduciendo un poco el aporte calórico) a medida que se reduce nuestro peso corporal o mantener la dieta y aumentar el gasto (aumentar la cantidad de ejercicio físico); o, mejor, hacer ambas correcciones simultáneamente.

Nuestro cuerpo es una máquina que necesita moverse para funcionar bien, es decir, para tener salud.

Además, el ejercicio físico es el único medio natural de aumentar a voluntad el consumo de energía y grasa y, por lo tanto, adelgazar.

Quienes pretenden perder peso sin moverse solo lo podrán lograr mediante unas dietas tan restrictivas que serán muy difíciles de cumplir.

Capítulo 3

¡Quiero adelgazar!

Son numerosas las personas que, alguna vez (o muchas), a lo largo de su vida consideran que deben adelgazar. Las motivaciones son numerosas: puede que no se esté feliz con el aspecto físico y se quiera perder unos kilos de peso; a veces el sobrepeso causa molestias físicas o psicológicas (provoca cansancio, rechazo en algunos trabajos o por parte de los amigos en la discoteca; no permite usar la ropa que se desea, etc.); también puede suceder que el médico haya recomendado la pérdida de peso para prevenir o tratar algunos problemas de salud (diabetes, hipertensión, triglicéridos elevados en sangre, etc.). Por cualquiera de estas razones, un buen día una persona decide que quiere adelgazar y ahí comienza una penosa y peligrosa andadura.

Casi siempre se recurre a dietas o remedios variados cuya información llega por mecanismos diversos: revistas, libros, programas de televisión o amigos. Sin embargo, la mayor parte de las dietas milagro, como detallaremos más adelante, son planes de alimentación desequilibrados que alteran el balance metabólico del organismo y producen una rápida pérdida de peso al provocar la carencia de algunos nutrientes fundamentales o de alterar las rutas metabólicas.

Este desequilibrio nutricional ocasiona una rápida pérdida de grasa, agua y también de proteínas, y el peso (se pierde masa muscular, masa grasa y agua) disminuye a una velocidad tal que causa la envidia y la admiración de amigos y familiares. Pero normalmente, a causa del fenómeno yoyo, el peso se recupera rápidamente una vez que dejamos de seguir esa dieta maravillosa que hace furor en Hollywood o se describe en ese libro de moda.

En estas recuperaciones de peso se produce un fallo grave. Normalmente, se recupera muy deprisa la masa grasa, que vuelve a estar en su sitio y con su tamaño, pero no se recupera el equilibrio nutricional que se ha perdido con la dieta y, con frecuencia, se sale de la aventura con una anemia por falta de hierro, un agravamiento de la osteoporosis por falta de calcio y vitamina D, una atrofia muscular (o cardíaca) por pérdida de proteínas o, por el contrario, problemas hepáticos o renales por un exceso de proteínas.

La moda de las dietas

Cada año aparecen nuevas dietas, que no son más que dietas antiguas a las que les hacen un lavado de cara y se les coloca otro nombre. Se trata de eludir la desconfianza de tantos clientes que han recuperado peso o han enfermado tras seguir la versión anterior de dicha dieta. Insisto una vez más, a riesgo de que me tomen por pesado, pero es que se trata de que estas cuestiones queden muy claras: no hay magia, solo se puede adelgazar comiendo menos de lo que se necesita para vivir. Sin embargo, esta verdad puede disfrazarse como se quiera, por ejemplo, instando a comer solo ciertos alimentos según el signo del Zodíaco de cada cual.

Fíjense, por ejemplo, en la lista de las diez dietas más famosas en Estados Unidos, publicada en abril de 2011: Nutrisystem, dieta Atkins, Deliciously Yours, eDiets, Hoodia, Jenny Craig, Medifast Diet, Sonoma Diet, South Beach Diet y Weight Watchers. Otro ejemplo, las dietas más buscadas en internet en 2011 según una conocida página de internet (http://www.gordos.com): la dieta del club Curvas Peligrosas, la de Luz María Briseño, la de una semana para perder peso, la de la sopa para adelgazar, la del programa Cuestión de Peso, la del doctor Ravenna, la de los puntos, la del doctor Cormillot de 1 200 calorías, la quemagrasa, la de la Luna, la de deshinchar el cuerpo en un día, la de Susana Giménez, la de las 1 500 calorías y la de las seis comidas.

En lo que atañe a las dietas para adelgazar, parece como si se perdiera el miedo al ridículo. No tenemos espacio suficiente para comentar las miles de dietas que circulan, a cual más disparatada. Por ejemplo, hay una dieta que se llama Dieta de las Calorías Negativas y que se fundamenta, según sus inventores, en que existe una serie de alimentos que hacen adelgazar porque contienen «calorías negativas», cuyo consumo hará que, cuanto más se coma de ellos, más se adelgace. Debe de ser algo así como la antimateria, pero en nutrición.

Muchas de estas dietas absurdas se promocionan con algún famoso de turno, con lo cual el efecto de difusión entre la población es mayor, como ocurre con la dieta de la piña o la de la alcachofa. O se trae a colación a personajes históricos, incluido el mismo Napoleón si es preciso, para justificar dietas como la Dieta de la Papa.

No obstante, muchas de estas dietas para adelgazar, aunque pueden hacer perder algo de peso en poco tiempo, son inefectivas a largo plazo y además muy peligrosas para la salud. No podemos desde estas líneas detallar las deficiencias nutricionales que produce cada tipo de dieta mágica y pormenorizar sus efectos negativos, pero vamos a describir con un cierto detalle aquellas más populares.

Las dietas disociadas

Las dietas disociadas se caracterizan por atribuir sus efectos adelgazantes al hecho de que separan (disocian) el consumo de determinados alimentos. Hay dos grupos fundamentales de estas dietas: las intestinales, que con sus disociaciones pretenden beneficios en la zona intestinal, y las metabólicas, que mediante la separación de determinados alimentos pretenden influir en el metabolismo y así lograr efectos adelgazantes.

Dietas disociadas intestinales

La primera dieta disociada fue creada por Herbert Sheldom a finales del siglo XIX. Se basaba en la separación o combinación de alimentos en una misma comida fundándose en la teórica «capacidad del aparato digestivo y de sus jugos para absorber o no determinados productos según sea el medio ácido o alcalino». En estas dietas no deben mezclarse grasas y proteínas (aceites y carne) o almidones y alimentos ácidos (papas o arroz y cítricos). Hay numerosas variantes de dietas disociadas a cual más errónea y más peligrosa para la salud. La mayor parte de esas dietas disociadas intestinales se basan en las pretendidas incompatibilidades de los alimentos en el estómago y en el intestino (concepto absurdo si se conoce un poco de la fisiología digestiva del ser humano).

Con un ejemplo se verá lo absurdo del fundamento de estas dietas. Siempre se ha dicho que tomar leche y luego limón era malo. Esto proviene de la observación casera de que, si a la leche (alcalina) se le añaden unas gotas de jugo de limón (ácido), se coagulan las proteínas de la leche y se ve cómo se «corta» en el vaso y adquiere mal aspecto. Pero cuando bebemos un vaso de leche y esta cae en el estómago, entra en contacto con los jugos gástricos, que son mucho más ácidos que el limón más ácido, así que siempre que bebemos leche se «corta» en el estómago, lo que no es ni más ni menos que una primera fase para su normal digestión.

Dietas disociadas metabólicas

En ellas da igual lo que pase en el aparato digestivo al mezclarse los alimentos, lo que preocupa en estas dietas es que determinados alimentos no entrecrucen sus rutas metabólicas dentro de nuestro cuerpo. Se fundamentan en que el metabolismo de un determinado alimento puede potenciar la asimilación en forma de grasa de otro, por lo que no se deben comer juntos.

Estas dietas se basan en verdades fisiológicas y bioquímicas que se utilizan a medias —solo lo que interesa— y que, cuando se aplican a lo largo de semanas, pueden producir graves alteraciones y desencadenar enfermedades graves.

Dieta Atkins

Todo comenzó con el doctor Atkins y su famosa dieta cetogénica. Se trata de suprimir completamente la ingestión de hidratos de carbono, mientras que se permite comer grasas y proteínas.

La verdad fisiológica sobre la que se sustenta esta dieta es que la asimilación de grasa y su acumulación en el tejido adiposo se ve muy dificultada por la ausencia de glucosa. Cuando comemos grasa y no hay glucosa procedente de alimentos ricos en hidratos de carbono, la grasa no puede penetrar en las células grasas para acumularse en los depósitos.

Entonces, ¿dónde va la grasa que se ha ingerido? Pues ahí está el problema y a la vez la razón del mecanismo de adelgazamiento. Esa grasa que no puede asimilarse por falta de glucosa y que no puede eliminarse por la orina (las grasas no se disuelven en el agua de la orina) va al hígado, donde se transforma en cetonas, en cuerpos cetónicos, que sí son solubles en agua y se pueden eliminar por la orina. Sin embargo, para poder eliminar tantos cuerpos cetónicos, el riñón necesita disolverlos en gran cantidad de agua, lo que provoca una pérdida exagerada de agua por la orina o deshidratación, que hoy se sabe que es uno de los mecanismos fundamentales de la pérdida de peso en esta dieta. Además se corre el riesgo de desencadenar una cetosis (acetona se decía antes) si los cuerpos cetónicos aumentan mucho en sangre.

El problema de la dieta Atkins es que es muy desequilibrada: abundan las grasas saturadas y las proteínas de origen animal; aporta muy pocos carbohidratos; la ausencia de frutas y la aportación reducida de verduras pueden provocar una carencia de vitaminas y minerales; la falta de fibra ocasiona problemas de estreñimiento y acumulación de desechos metabólicos; puede aumentar el colesterol y el ácido úrico (gota); la eliminación de tantos cuerpos cetónicos por el riñón arrastra gran cantidad de agua, por lo que las orinas son muy abundantes y hay que beber mucha agua para evitar la deshidratación.

Dieta Montignac

Otra de las dietas disociadas metabólicas es la popularizada por Montignac hace años cuando publicó su libro más famoso y más sincero: *Cómo adelgazar en comidas de negocios*. A Montignac, que era representante de una firma de productos farmacéuticos y siempre estaba comiendo en restaurantes por razones de trabajo, se le ocurrió una modificación de la dieta Atkins para mantener el peso a pesar de comer casi siempre fuera de casa.

Su aportación fue que, en vez de eliminar completamente los hidratos de carbono, solo había que disociar los *azúcares rápidos* (los de elevado índice glucémico, como el pan, los pasteles, el azúcar, la miel o las papas) de las grasas. Estos azúcares potencian una secreción exagerada de la hormona insulina, la cual, a esas concentraciones y en presencia de la glucosa de los alimentos, promueve una rápida asimilación de las grasas ingeridas y las acumula con gran eficiencia en los depósitos adiposos. Es decir, quien acumula la grasa es la insulina, cuya secreción se potencia por los dulces.

Básicamente, se trata de no mezclar los alimentos de elevado índice glucémico con las grasas en ninguna de las comidas del día. Si se va a comer una pierna de cordero, puede acompañarse de un poco de lechuga, pero nunca de papas fritas o de puré de papa. Se puede comer un pan tostado (hidratos de carbono) pero no untado de mantequilla o margarina (grasas). La leche que contiene el azúcar lactosa hay que tomarla descremada, sin grasa.

Esta dieta en su versión más estricta puede ocasionar deficiencia de minerales, vitaminas y fibra, y aumento del ácido úrico (gota) y del colesterol. Un desequilibrio entre el aporte excesivo de proteínas y el insuficiente de hidratos de carbono puede ocasionar descalcificación ósea y daños renales por exceso de nitrógeno. También pueden causar fatiga y mareos por falta de hidratos de carbono, ya que la glucosa, un sustrato deficiente en estas dietas, es la fuente de energía preferida por el organismo.

Dietas hiperproteicas muy bajas en calorías

A este grupo pertenecen un sinfín de dietas, copias unas de otras, que se basan en forzar al organismo a una gran restricción en el aporte de energía. En el símil bancario es como si quedáramos desempleados y tuviéramos que sobrevivir con una exigua subvención; evidentemente, el saldo de nuestra cuenta se reduciría rápidamente y nos ocasionaría numerosos trastornos en la vida. De manera similar, estas dietas consiguen que se adelgace rápidamente, pero pueden ocasionar graves daños a nuestra salud.

Por motivos médicos urgentes (por ejemplo, una crisis hipertensiva o la necesidad de una intervención quirúrgica), algunas personas precisan someterse a estas dietas tan restrictivas, pero solo se pueden aplicar bajo prescripción y supervisión de un médico, exigen controles analíticos frecuentes y en algunas circunstancias requieren incluso ingreso hospitalario.

Normalmente, estas dietas se basan en que, en lugar de ingerir alimentos en su estado natural, el paciente ingiere una serie de fórmulas nutricionales específicas a base de licuados o sobres con unos polvos para reconstituir con agua. Con estas dietas se aportan menos de 1000 kcal diarias, lo que ocasiona grandes pérdidas de peso.

Por debajo de este nivel de calorías se pueden originar graves desequilibrios metabólicos, por eso los complementos que se ingieren en estas dietas están compuestos de los nutrientes necesarios para preservar la salud mientras se mantienen esas restricciones tan severas. Estos sobres, que se venden en las farmacias y en las clínicas de adelgazamiento, contienen todas las proteínas, vitaminas y minerales necesarios para mantener el equilibrio corporal a pesar de la baja ingesta de calorías. Se trata de un tratamiento médico y, por lo tanto, hay que seguirlo de manera estricta y realizándose los controles analíticos que el especialista ordene.

Existen muchos tipos de estas dietas hiperproteicas e hipocalóricas, desde que surgieron las primeras en la década de 1970 (dieta Cambridge, Slender, etc.). Hoy día están de moda dos versiones de estas dietas: la dieta Pronokal y la dieta Dukan, en las que se hace una mezcla de todas las anteriores.

Dieta Pronokal

Es una dieta a base de sobres que aportan muchas proteínas, pocos carbohidratos y grasas, con un suplemento de vitaminas y minerales. Debe realizarse bajo un estricto programa y control médico, ya que supone un gran choque metabólico para el organismo: se consume gran cantidad de proteínas y de grasas, se generan cuerpos cetónicos y se pierde mucha agua. Además es una dieta cara.

Método Dukan

Es la dieta de moda este año, presentada en varios libros que se han convertido en éxitos de venta, y sorprende el fenómeno, porque esta dieta es más de lo mismo.

Es una especie de mezcla entre una dieta hiperproteica baja en calorías y una dieta disociada metabólica tipo Montignac. Según el propio Dukan, los días en que solo se ingieren proteínas son muy pocos, de 2 a 5 según el sobrepeso inicial. Luego se van intercalando con las proteínas algunos carbohidratos aportados por los vegetales. Es una dieta que debería realizarse bajo control médico, sobre todo si se padece alguna enfermedad crónica como diabetes, alteraciones renales, hepáticas o alteraciones cardiocirculatorias.

Como el resto de las dietas, la Dukan, además de no proporcionar todos los nutrientes necesarios y en las proporciones adecuadas, es una manera de comer que no se puede realizar diariamente para el resto de nuestra vida.

Muchas de las dietas que se nos ofrecen para adelgazar son ineficaces y peligrosas:

1. Hacen perder masa magra (huesos y musculatura).

2. Producen deshidratación.

3. Alteran el normal funcionamiento del riñón y del hígado.

4. Pueden ocasionar aumento del colesterol y del ácido úrico.

5. La falta de frutas y verduras puede producir carencia de minerales como el potasio y de fibra.

6. Son dietas que no pueden continuarse durante prolongados períodos.

Existe una página del Ministerio de Sanidad, Política Social e Igualdad, http://www.naos.aesan.msc.es/csym/saber_mas/dietas/, en la que se pueden encontrar comentarios científicos detallados sobre los peligros de cualquier dieta milagro.

CAPÍTULO 4

Plan integral para adelgazar I.
Comer salud

El equilibrio nutricional

Una alimentación saludable debe reunir dos requisitos fundamentales: que sea equilibrada y que se ajuste a las normas básicas de la higiene en la manipulación y la conservación de los alimentos. Una alimentación equilibrada debe proporcionar las kilocalorías y los nutrientes que necesita el organismo para vivir con salud, en la cantidad y en las proporciones necesarias.[1]

El modelo más famoso hoy día es la llamada dieta mediterránea, que se basa en numerosos estudios realizados desde los años setenta que preconizan que la manera de alimentarse en la cuenca mediterránea es la más saludable, ya que previene el desarrollo de las enfermedades cardiovasculares, entre otros problemas de salud. Con independencia del título geográfico que adjudiquemos al

---

[1] J.E. Campillo, *Comer sano para vivir más y mejor,* Paidós, 2016.

patrón de alimentación, hoy están admitidas universalmente las características que debe tener un plan de alimentación saludable. Estas se han difundido por diversos medios en forma de pirámides o de mesas de alimentos. En la página www.mono_obeso.typepad.com pueden encontrar una de estas descripciones de un plan saludable de alimentación, propuesto por el Departamento de Nutrición de la Universidad de Murcia.

En todo plan de alimentación saludable hay que observar las dos reglas del cinco. En primer lugar, debemos repartir la comida en al menos cinco tomas: desayuno, media mañana, almuerzo, merienda y cena; aunque es recomendable que sean más veces, como sugerimos en nuestro plan. La segunda regla es que en cada una de esas cinco ingestiones programadas debe estar presente alguno de estos cinco grupos de alimentos: frutas, hortalizas, verduras, legumbres o cereales integrales.

Es importante evitar también lo que se denomina *el embudo alimentario*, es decir, comer mucha cantidad de solo unos pocos alimentos diferentes. Este es un problema nutricional serio, sobre todo en los extremos de la vida: adolescencia y ancianidad. Ocasiona que se consuman solo unos pocos alimentos diferentes, con lo cual es imposible que puedan aportar todos los nutrientes necesarios.

Lo más saludable es consumir cada semana la mayor variedad posible de alimentos. Tenemos que aumentar la variedad de frutas (¿Ha comido mango alguna vez?), explorar nuevos sabores de verduras y hortalizas poco comunes (¿Cuánto hace que comió coles de Bruselas o brócoli?), debemos ampliar nuestra elección de carnes y de pescados (¿Cuándo fue la última vez que comió conejo?). Se trata de proporcionar a nuestro organismo todas las sustancias saludables que contienen los alimentos y evitar, por otra parte, la reiteración constante de un determinado tóxico o de un aditivo en particular.

Pero además de preocuparnos por mantener el equilibrio energético (no introducir en nuestro organismo más energía de la que gastamos), hay que atender al equilibrio de nutrientes (introducir en nuestro organismo todos los nutrientes en la cantidad y proporción que necesitamos).

Hidratos de carbono

Los hidratos de carbono deben constituir el principal nutriente de nuestra alimentación, pero teniendo en cuenta ciertas precauciones: debemos reducir lo más posible los llamados *hidratos de carbono de absorción rápida* (también llamados de elevado índice glucémico); también hay que contabilizar en este capítulo los dulces en general, que debemos restringir a las grandes celebraciones y evitar en el consumo diario, y el azúcar que contienen la mayor parte de las bebidas y los refrescos.

La mayor parte de nuestra alimentación debe ser a base de hidratos de carbono lentos, es decir, los que son ricos en fibra (frutas, verduras, hortalizas, legumbres y cereales integrales). Para conseguirlo tampoco hay que recurrir a complicadas operaciones. Hay una norma general para cumplir estos objetivos: en el desayuno, algo de pan integral o cereales integrales y un jugo de fruta; en la comida y en la cena, empezar siempre por un primer plato a base de verduras (ensaladas, acelgas, espinacas, ejotes, etc.) o legumbres (chícharos, lentejas, alubias, garbanzos), y de postre y entre horas, piezas o porciones de fruta. Se puede completar la ingestión de hidratos de carbono con la guarnición del segundo plato en las comidas y en las cenas: arroz, pastas, verduras o algo de pan integral.

La fibra es un nutriente muy importante para cualquier alimentación saludable y, sobre todo, en los planes para adelgazar. La fibra solo se encuentra en los alimentos vegetales que, con excepción de la papa y los cereales refinados, contienen mayor o menor cantidad de fibra. La fibra aporta volumen y saciedad, pero no aporta calorías.

ÍNDICE GLUCÉMICO DE LOS ALIMENTOS QUE HAY QUE SUPRIMIR O REDUCIR AL MÁXIMO EN SU CONSUMO

- **95 a 100:** glucosa, jarabes, papas fritas, al horno y en puré, puré de zanahorias, arroz instantáneo.

- **90 a 95:** pan blanco, hojuelas de maíz, arroz inflado, harina blanca de trigo.

- **85 a 90:** maizena, pan de caja, tapioca, arroz con leche.

- **75 a 85:** barquillos, calabaza cocida, lasaña (trigo blando), arroz común, azúcar blanca, azúcar morena, bizcochos, chocolate con azúcar, cruasanes, dátiles, galletas María, melaza, papas hervidas, plátano frito, polenta, ravioles (trigo blando), refrescos.

- **65 a 75:** confituras, cuscús, sémola, dulce de membrillo, jarabe de arce, maíz, *snaks* dulces (Mars y similares), muesli, mermelada, pan integral, pan de centeno, papas hervidas con cáscara, piña en lata, betabel cocinado, sorbetes de helado o frutas, uva pasa, duraznos en almíbar.

- **60 a 65:** chocolate en polvo, helados, pizza, pasta de trigo duro.

- **55 a 60:** uva, jugo de uva, polvorones.

Grasas

Las grasas son los nutrientes que más calorías aportan y los más difíciles de evitar, ya que proporcionan el sabor y el aroma a los alimentos. Se debe procurar que, al menos semanalmente, se ingieran cantidades equivalentes de los tres tipos de grasa: saturadas, monoinsaturadas y poliinsaturadas. La ración de grasas saturadas ya se cumple con la grasa de la carne, huevo o queso. Las grasas monoinsaturadas van en el aceite de oliva, que se utiliza para aderezar o sofreír los primeros platos de verduras o en las frituras; también los aguacates son ricos en estas grasas. El aporte de grasas poliinsaturadas se garantiza con algo de pescado blanco y sobre todo azul y con los frutos secos (nueces).

Proteínas

Las recomendaciones de proteínas para un adulto normal quedan cubiertas con alimentos como la carne, el pescado, los huevos, la leche, los cereales y las legumbres. Se aconseja que, en circunstancias normales, no se supere cada día la dosis de 1 g de proteínas por kilogramo de peso corporal. Para un adulto de peso normal, esto queda cubierto, por ejemplo, con un filete de carne, algo de chícharos, una ración de pan, un huevo y un vaso de leche descremada.

El problema de las proteínas es que originan un residuo (la urea) que hay que eliminar por el riñón. Un exceso constante de proteínas sobrecarga el riñón y el hígado, y puede ocasionar problemas para la salud. Este es uno de los defectos de las dietas hiperproteicas y de las mixtas como la Dukan.

Agua y líquidos que la contienen

De agua se debe beber de litro y medio a dos litros diarios, uno de ellos fuera de las comidas y el otro con las comidas (agua, bebidas y agua contenida en los alimentos).

¡El agua no engorda porque no tiene calorías! Parte del agua se puede sustituir por bebidas que la contengan (sin azúcar añadida). La leche debe ser descremada y, si es posible, ha de estar enriquecida con vitaminas A y D. De alcohol debe hacerse un consumo moderado: dos copas de vino, dos cervezas o una copa de licor es la dosis diaria recomendada (aprecien la conjunción *o*). Si es abstemio, persista en ello o recurra a los vinos sin alcohol, de los que se están produciendo algunos excelentes. No recurra al extracto, ya que este jugo de uva sin fermentar contiene mucha glucosa (azúcar rápido y calorías).

Vitaminas y minerales

Las necesidades mínimas de vitaminas y minerales quedan cubiertas con una alimentación variada y equilibrada como la que proponemos. No obstante, siempre que se reduce la ingestión de alimentos por debajo de un cierto nivel (por ejemplo menos de 1 800 kcal por día) se dificulta mucho el que con esos pocos alimentos podamos obtener todas las vitaminas y los minerales necesarios para nuestra salud.

Hoy día las cosas han cambiado mucho respecto a las vitaminas. Hemos pasado de considerar que había que tomarlas en cantidades mínimas, solo las necesarias para mantener unos niveles en el organismo, a considerar los beneficios de dosis mayores de determinadas vitaminas (megadosis). Por ejemplo, hoy sabemos que algunas vitaminas, como el ácido fólico o la vitamina D, deben consumirse en mayor cantidad de lo que puede proporcionar una dieta normal; por ello muchos alimentos de gran consumo están enriquecidos artificialmente con estas vitaminas.

Lo mismo podemos decir respecto a los minerales. Una alimentación equilibrada debe proporcionarnos todos los que necesitamos, pero la mayor parte de las dietas incorrectas ocasionan deficiencias en los minerales más importantes, como el calcio, el hierro, el yodo, el magnesio o el selenio.

Por estas razones siempre que sigamos un plan de alimentación para adelgazar es conveniente tomar algún complemento polivitamínico y polimineral. También conviene recordar que debe restringirse lo más posible el consumo de sal; esto es interesante para la salud en general y para adelgazar, ya que el exceso de sal en el organismo retiene agua y, en las personas predispuestas, puede producir edemas e hipertensión. Es muy conveniente utilizar sal yodada para cocinar, si no hay contraindicaciones médicas específicas. A la larga es más rentable acostumbrar el paladar a lo insípido y, por supuesto, no poner jamás el salero en la mesa.

Nutrientes antioxidantes y antiinflamatorios

Con este apartado queremos resaltar uno de los aspectos más importantes respecto a la obesidad y a la salud y que la moderna ciencia médica ha puesto de manifiesto reiteradamente a través de numerosos estudios. El exceso de peso, la obesidad, es ante todo un estado oxidativo e inflamatorio. Sí, ha leído bien. En los organismos de las personas con sobrepeso predominan los procesos oxidantes y los temidos radicales libres campean a sus anchas destruyendo todo lo que encuentran. Recuerden que las oxidaciones son la principal causa de numerosas enfermedades (diabetes, aterosclerosis, cáncer) y del envejecimiento.

Hoy también se sabe que la obesidad es un proceso inflamatorio generalizado. En los adipocitos atorados de grasa se producen peligrosas sustancias proinflamatorias, que ejercen su perjuicio a distancia, por ejemplo en las arterias (aterosclerosis).

Por todo ello nuestra alimentación saludable debe contener alimentos que contengan antioxidantes (vitamina C, vitamina E, carotenos, isoflavonas, fenoles y selenio) y alimentos antiinflamatorios (todos los que contienen grasas omega 3).

ALIMENTOS ANTIINFLAMATORIOS

- Grasas omega 3: pescados azules, hígado de pescados blancos, aceites de semillas (lino, girasol, soya y maíz) y frutos secos como las nueces.

ALIMENTOS ANTIOXIDANTES

- Carotenoides: vegetales fuertemente coloreados de amarillo, naranja, rojo o verde.
- Vitamina C: cítricos, melón, fresa, kiwi, coliflor, col, brócoli, pimientos, jitomates, espinacas.
- Vitamina E: frutos secos, aguacate, aceites vegetales, semillas de jitomates y pimientos.
- Fenoles: vino tinto, concentrados tintos, té verde y soya.
- Selenio: hígado, pescados, yema de huevo y cereales integrales.

Comer fuera de casa

Este asunto puede que interese, sobre todo, a aquellas personas (cada vez más numerosas) que todos los días de la semana realizan la principal comida fuera de su casa. Para muchos de ellos puede que esta obligación sea la causa fundamental de que carguen con unos kilos de más.

En primer lugar, si está en nuestra mano, se debe elegir correctamente el restaurante al que se va a confiar cinco de nuestras principales comidas cada semana. Debemos estar seguros de que las instalaciones y el personal cumplen con las recomendaciones higiénicas y que los productos que emplean en la elaboración de los platos son de la mayor garantía.

En segundo lugar hay que tener en cuenta que la cantidad total de los alimentos que se ingieren cuando comemos fuera suele ser mayor que la que se comería en casa. Este es un asunto difícil de solucionar, ya que los restaurantes ofrecen raciones abundantes y fijas dentro de sus menús del día, pero, siempre que se pueda, se debe optar por pedir medias raciones o compartir un solo menú entre dos personas.

Aquellos que almuerzan todos los días laborables en restaurante deben ser cuidadosos en combinar las diferentes ofertas de primeros y de segundos platos del menú para lograr el mayor equilibrio alimentario semanal: alternar los diferentes tipos de alimentos vegetales (platos de verduras, guisados con cereales y ensaladas); rotar el tipo de carne (res, pollo, cerdo, conejo); algún día comer huevos, en cualquiera de sus formas culinarias; alternar carne con pescado y, al menos dos días a la semana, comer pescado azul (puede ser como segundo plato o bien añadir algo de atún a la ensalada del primer plato).

Al sentarse a la mesa debe pedirse un vaso de agua. Si prefiere alguna bebida alcohólica (vino o cerveza), es conveniente solicitarla en copas o unidades individuales y no caer en la tentación de poner la botella de vino encima de la mesa.

El pan puede aumentar mucho las calorías que contiene cuando se empapa en las salsas, así que lo mejor es pedir que lo retiren de la mesa. Otra recomendación es la de no utilizar el salero de la mesa. Si se quiere, se puede reforzar el sabor de los alimentos con otros condimentos (vinagre, pimienta, pimentón, picantes, especias, hierbas aromáticas).

El primer plato siempre debe contener vegetales, como verduras, hortalizas o legumbres. Si se quiere ingerir pocas calorías, pedir una ensalada del tiempo aderezada con poco aceite será la mejor opción; al igual que exigir aceite de oliva virgen, que es el más saludable no solo por su composición en ácidos grasos, sino por su elevado contenido en antioxidantes.

Los primeros platos como paellas, cocidos, estofados y potajes con carnes y embutidos; los aderezos como mayonesas, los entremeses, las lasañas de carne, los alimentos fritos y empanizados (que no suelen estar bien escurridos y contienen mucha grasa), y la mantequilla y la margarina son ejemplos de alimentos muy grasos que se deben suprimir en el restaurante.

Siempre que sea posible se debe comer pescado en el segundo plato y, en cualquier caso, sustituir guarniciones poco saludables, como las papas fritas o el puré de papas, por otras a base de verduras, hortalizas o legumbres. Las salsas no son preocupantes si se ha tenido la precaución de retirar el pan de la mesa.

Deben evitarse los postres dulces (flanes, arroz con leche, tartas, etc.), ya que los azúcares rápidos que contienen potencian la asimilación de todas las grasas que hemos consumido en la comida y colaboran al aumento de la grasa corporal. Es más saludable pedir fruta fresca, bien sea entera, preparada (cocteles naturales) o en jugo.

Por último, deben evitarse los tragos de alcohol al final de la comida, aunque los regale el restaurante, pues no son digestivos por mucho que lo proclame la propaganda. Una infusión, como café o té para los que no tienen intolerancia a la cafeína, es una buena forma de tonificar y favorecer la digestión. Otras infusiones sin cafeína (menta poleo) también son beneficiosas. Mejor si todas ellas se endulzan con edulcorantes artificiales. No debe dar vergüenza pedir edulcorante para el café aunque se haya comido opíparamente.

Las características nutricionales del plan que se propone en este libro

Como veremos más adelante, el plan de alimentación que proponemos está diseñado para aportar todos los nutrientes necesarios y en las proporciones adecuadas. Se pone especial interés, y esta es la mayor novedad del plan hipocalórico que se propone, en incluir todas las novedades nutricionales cuyos beneficios para la salud y para un adelgazamiento eficiente ha demostrado la ciencia de la nutrición. Por eso se hace especial énfasis en los diferentes tipos de fibra, en los alimentos antioxidantes y en los alimentos antiinflamatorios.

LOS DOCE MANDAMIENTOS
DE LA ALIMENTACIÓN SALUDABLE

1. Repartir la comida diaria en cinco o más tomas.

2. Tomar cada semana siete porciones de pescado, cuatro de carne y tres de huevo.

3. Frutas, verduras u hortalizas han de estar presentes en las cinco comidas.

4. Tomar cada semana cuatro días de cereales integrales, dos de legumbres y uno de féculas.

5. Consumir a diario un vaso de leche descremada, un yogur y una porción de queso.

6. Cocinar con aceite de oliva virgen y especias y condimentos naturales.

7. Evitar las grasas y los alimentos grasos como la mantequilla, la margarina, la crema, los bizcochos y los aderezos preparados.

8. Evitar los dulces y refrescos y endulzar con edulcorantes.

9. Beber al menos litro y medio de agua o bebidas e infusiones como el té verde.

10. Reducir la sal al cocinar y, preferiblemente, usar sal yodada.

11. Levantarse siempre de la mesa con la sensación de que se comería algo más.

12. Ajustar la ingesta con los gastos para mantener un IMC por debajo de 24.

CAPÍTULO 5

Plan integral para adelgazar II.
El plan hipocalórico

La motivación y la mentalización

¿Por qué es tan fácil engordar y tan difícil adelgazar? La naturaleza ha impuesto a todos los seres vivos dos obligaciones: reproducirse, para que sobreviva la especie, y alimentarse, para que sobreviva el propio individuo. Y para garantizar que los seres vivos se reproduzcan y se nutran, a pesar de las dificultades y los peligros que a veces conllevan ambas acciones, la naturaleza ha dispuesto que la reproducción y la alimentación recompensen al que las ejecuta con una gran sensación de placer.

Esta es la razón de que sexo y alimentación nos atraigan tan poderosamente y de que en la actualidad muevan miles de millones de euros en todo el mundo, en sus más variadas manifestaciones. Un amigo suele decir que «comer es la cosa más divertida que se puede hacer con la ropa puesta».

Los alimentos tienen una gran capacidad de desencadenar en nuestro cerebro una recompensa placentera.

Por esta causa la comida puede llegar a ser tan adictiva como fumar tabaco, beber alcohol o consumir drogas y, por eso, adelgazar exige los mismos planteamientos de motivación que se necesitan para enfrentarse al abandono de cualquier otra adicción.

Lo primero que debemos hacer es desarrollar una convincente motivación para adelgazar. Cuando falla este primer paso, la motivación que es endeble va perdiendo fuerza con la abstinencia hasta que se apaga el impulso y volvemos a atracarnos de las mismas cosas y en las mismas cantidades que antes.

¿Qué podemos hacer para reforzar nuestra motivación para perder peso? A continuación se exponen algunos puntos esenciales:

1. Comprar un cuaderno de hojas cuadriculadas y escribir en la primera página las razones por las que emprendemos la aventura de adelgazar.

2. Fijar unos objetivos concretos y realistas de pérdida de peso. Por ejemplo, podemos anotar en el cuaderno que queremos perder 20 kilos de peso en un año y que pretendemos conseguirlo perdiendo entre kilo y medio y dos kilos al mes.

3. Anotar todas las incidencias del proceso de pérdida de peso, incluida una gráfica en la que iremos dibujando la pérdida semanal de peso, para comprobar los progresos en nuestro afán.

4. Hacer constar en el cuaderno los éxitos (cuando una semana perdamos más de medio kilo) y los fra-

casos (esa semana de fiestas en la que engordamos algo) y escribir pensamientos positivos sobre los enormes beneficios que nos reportará el perder esos 20 kilos de grasa. De esta forma, reforzaremos nuestra motivación para el objetivo final y evitaremos rendirnos ante el más pequeño fracaso parcial. Debemos ser muy tolerantes con nosotros mismos, perdonarnos y ser comprensivos con los pequeños fracasos. Si una semana no se pierde peso, en lugar de abandonar y tirar todo el esfuerzo realizado a la basura por la frustración, nos debe servir de estímulo para ser más restrictivos la siguiente semana y compensar así el ritmo de pérdida de peso.

5. Es muy importante, por muchos motivos que luego veremos, contar con otra persona que esté en las mismas circunstancias y pretenda objetivos similares de adelgazamiento. También son imprescindibles la comprensión y el apoyo de la familia.

6. Nuestro plan de adelgazamiento debe aproximarse lo más que se pueda a nuestra manera tradicional de comer, la de nuestra familia.

7. Procurar cocinar más y comer lo cocinado en familia o con amigos y comprar menos platos preparados. De esta manera sabremos lo que comemos y pondremos cariño y felicidad en el acto de comer.

8. No olvidar que perder peso de forma equilibrada y saludable lleva su tiempo. El precio de las prisas es siempre la salud.

El objetivo de los 50

Con esa cifra no me refiero a la edad, me refiero al objetivo fisiológico y razonable de perder 50 gramos diarios de grasa corporal, 350 g a la semana, que debemos verificar mediante la báscula.

El organismo del obeso lleva años habituado al exceso de comida y a la gordura y no es capaz de adaptarse a los cambios de peso muy rápidos. Las hormonas, las enzimas hepáticas, la capacidad de filtración renal o las apetencias del cerebro tienen sus funciones adaptadas a la cantidad de grasa que tiene ese organismo y, cuando se pierde masa grasa con excesiva rapidez, estos sistemas de control no tienen tiempo de adaptar su funcionamiento («resetear» sus valores) para ajustarse a la nueva situación.

Ello ocasiona que el organismo se rebele ante esa situación y se activen poderosos sistemas nerviosos y endocrinos de defensa; el organismo interpreta esa pérdida rápida de peso como una emergencia vital (por ejemplo, una hambruna en circunstancias naturales) y, como ya hemos visto, la naturaleza obliga, mediante poderosos mecanismos, a que cada individuo se alimente para poder sobrevivir. Estos mecanismos tienden a restablecer los valores de peso de partida y, por esa razón, más pronto que tarde se vuelve a recuperar el peso perdido o incluso se sobrepasa.

Además, a lo largo de los años el obeso ha desarrollado una gran cantidad de adipocitos que ha llenado a tope de grasa. Cuando se adelgaza demasiado rápido, estos contenedores de grasa quedan vacíos y el organismo trata de volverlos a llenar a toda costa. En cambio, cuando se adelgaza despacio no solo se vacía el contenido de grasa de los adipocitos, sino que también se van retirando los contenedores que ya no se usan, con lo que se reducen las posibilidades de que se vuelvan a llenar de grasa.

Por lo tanto, el secreto para que un plan dietético funcione está en no tener prisa y ser constante para lograr que nuestro organismo pierda entre 50 y 100 gramos de grasa cada día. Esto supone entre kilo y medio y tres kilos de grasa al mes, lo que representa una pérdida de entre 18 y 36 kilos al año. ¿Qué le parece? Incluso si su objetivo son las vacaciones de agosto, en dos o tres meses puede haber eliminado unos molestos 3 o 5 kilos de peso. Como ya se dijo, la pérdida paulatina de peso permite a nuestro organismo adaptarse poco a poco a la nueva situación y de esta manera evitaremos el desagradable efecto rebote.

Con algunos ejemplos podemos ver que eso de perder 50 g diarios de grasa no es tan complicado. Cada gramo de grasa equivale, en números redondos, a unas 10 kcal. Para perder estos 50 g de grasa tenemos que aportar cada día a nuestro cuerpo 500 kcal menos de las que gastamos. Esta pérdida la podemos repartir en dos conceptos: por una parte, haciendo algo de ejercicio, pues una hora de paseo puede suponer perder 250 kcal; por otra, suprimiendo algún exceso caprichoso de nuestra dieta diaria y acostumbrándonos a un plan equilibrado de alimentación como el que describiremos más adelante, con lo que podemos perder fácilmente las otras 250 kilocalorías.

El examen de conciencia calórico

La experiencia indica que muchas personas casi podrían conseguir ese *objetivo 50* solo con suprimir algunos caprichos y pequeños excesos que se cometen cada día. Por eso lo primero que tenemos que hacer, una vez hayamos decidido firmemente que queremos perder peso, es una revisión sincera y detallada de nuestra manera de comer para sacar a relucir los mayores defectos de nuestra alimentación.

Se trata de anotar en el cuaderno o libreta todo lo que comemos a lo largo de una semana, sin olvidar ningún dulce, caramelo, bombón o pastelito, detallando las cantidades consumidas de cada exceso o capricho. Luego hay que repasar este diario, pero nunca solo, sino en compañía de un amigo o familiar, ya que en cuestiones de comida, como en otras muchas, tendemos a engañarnos a nosotros mismos y poseemos una gran capacidad para autojustificarnos.

Podemos ir rodeando con un marcador rojo aquellos excesos o caprichos de los que fácilmente podríamos haber prescindido: el segundo pan tostado con margarina en el desayuno, ese pastelito con el café de media mañana, el segundo plato de lentejas que repitió en la comida, los tres chocolates que se comió a media tarde, etc. Se trata de detectar aquellos pequeños excesos diarios de los que nos podríamos haber privado sin que afectara a nuestro equilibrio nutricional. Si hacen este ejercicio y suman las kilocalorías que representan cada día todos estos excesos innecesarios, se van a llevar una sorpresa.

Por eso, la primera parte del plan integral para adelgazar exige suprimir todos esos pequeños excesos nutricionales diarios. Quien quiera ajustar su alimentación al gasto energético para tener una situación balanceada, debe comenzar por eliminar aquellos hábitos que nos hacen comer calorías extras, que no nos aportan ningún beneficio. Así, poco a poco, ajustando algunas kilocalorías aquí (bocadillo entre comidas) y otras allá (chocolates delante de la tele), en unos cuantos meses y sin apenas darnos cuenta perderemos los kilos que nos sobran.

Mejorar los gestos y rituales de las comidas

Yo creo en la importancia del *cómo* comemos en relación con el sobrepeso, desde que comprobé cómo adelgazaba una señora a la que recomendé que siguiera comiendo lo mismo que comía (su alimentación era equilibrada, aunque excesiva), pero que lo hiciera con cubiertos de postre (su gran ansiedad le hacía devorar a gran velocidad una gran cantidad de alimentos). En ese sentido, hay una serie de gestos que nos pueden ayudar mucho en nuestro proceso de pérdida de peso:

1. Ir a hacer la compra de alimentos siempre después de comer. Está comprobado que nuestro cerebro elige inconscientemente alimentos de más calorías y menos saludables si vamos a comprar en ayunas y con hambre.

2. Ritualizar el acto de comer. Debemos ser conscientes de cada movimiento al comer y evitar comer sin pensar en lo que estamos haciendo. Ver cómo el tenedor se carga de comida, sentir cómo entra en nuestra boca y cómo masticamos despacio el alimento y luego tragamos el bocado.

3. Comer despacio y convencer al resto de la familia de que adopte también este patrón más saludable. La velocidad a la que se come tiene mucho que ver con la saciedad: comer despacio sacia más. Todos sabemos que cuando en un restaurante tardan mucho en traernos el segundo plato, ya casi no tenemos apetito y que, por el contrario, en los restaurantes de comida rápida se devora mucha más comida. Si por motivos de ansiedad se tiende a comer muy deprisa, la opción es usar cubiertos de postre.

4. No dejar nunca la sopera llena de lentejas, la fuente con los filetes y huevos fritos o la panera llena de trozos de pan al alcance de la mano. Uno debe servirse una ración adecuada, no excesiva, y luego retirar la tentación de repetir a un lugar alejado.

Menú hipocalórico y equilibrado de 1 500 kilocalorías

Todo plan de alimentación prescrito con la intención de hacer perder peso debe ser hipocalórico, es decir, debe contener menos calorías que las que gasta esa persona; pero además tiene que ser equilibrado y contener todos los nutrientes en las proporciones adecuadas. Asimismo, ha de ser variado y agradable, ya que la persona tendrá que convivir con él toda la vida.

A continuación les propongo un menú hipocalórico diseñado para reunir esas cualidades que acabamos de enumerar. Este menú tiene la propiedad de que podemos aumentar o reducir las calorías que nos aporta de una forma fácil y saludable, según vayamos constatando la evolución de nuestro peso, aumentando o disminuyendo el tamaño de las raciones. Entre sus ventajas está que no tiene efectos secundarios perjudiciales; que es útil en el tratamiento y la prevención de numerosas enfermedades (diabetes, hipertensión, gota o aterosclerosis, entre otras); que no se pasa hambre, ya que se realizan más de cinco comidas al día; que no es un menú caro, ya que los alimentos son los habituales en cualquier alimentación sana; y que es un menú que se puede seguir durante toda una vida.

Hay que tener en cuenta que las kilocalorías que se adjudican son aproximadas y pueden oscilar más o menos, según la forma de cocinado y la cantidad de aceite que se haya utilizado, pero en general, un día por otro, el menú se puede mantener en torno a las 1 600 kcal. Si al evaluar la evolución de la pérdida de peso se necesita hacer algún reajuste, la mejor forma es aumentar o disminuir las cantidades de las guarniciones de los segundos platos.

El desayuno: 210 kilocalorías

Para comenzar el día, debemos tomar un vasito de jugo natural, alternando los de naranja o granada u otro de nuestra preferencia, ricos en fibra, vitaminas y antioxidantes (50 kcal); una taza de café u otra infusión con leche descremada, y si precisamos endulzar, usaremos un edulcorante (10 kcal); y pan integral tostado (50g) con una fina rebanada de jamón (150 kcal) o una ración (30 g) de cereales con fibra (150 kcal).

La media mañana: 200 kilocalorías

Es importante evitar que lleguemos a la comida con mucha hambre. Podemos tomar café con leche o una infusión (10 kcal) acompañada de una rebanada de pan integral de molde tostada (30g), con unas gotas de aceite de oliva virgen o una rebanada fina de queso (unas 140 kcal de promedio), y una pieza pequeña de fruta del tiempo o un jugo natural (50 kcal).

La comida: 400 kilocalorías

El almuerzo debe comenzar con una ensalada de lechuga, jitomate y algunos otros vegetales que nos agraden, aderezados con una sola cucharada de aceite de oliva virgen y vinagre o limón y muy poca sal. Si queremos poner aguacate, tenemos que suprimir el aceite de oliva. La ensalada se puede sustituir por un gazpacho sin pan. En meses más fríos el primer plato puede ser a base de verduras cocidas (coliflor, brócoli, ejotes) o legumbres.

De segundo plato una pieza de 100 g de cualquier carne sin grasa visible, acompañada por una guarnición compuesta por 100 g de cualquier verdura, hortaliza o cereal (arroz, pasta).

De postre una pieza o porción de fruta

Más adelante se adjuntan siete ejemplos de menús para la comida que no superan las 400 kcal y que se han elegido porque no requieren elaboración culinaria complicada.

La poscomida: 70 kilocalorías

Mucha gente siente necesidad de comer algo cuando, tras el almuerzo, se sienta a ver la televisión. Para evitar consumir dulces, se recomienda comer tres nueces, que aportan grasas antiinflamatorias.

La merienda: 200 kilocalorías

Un café con leche o una infusión (10 kcal), además de una rebanada de pan preparada como a media mañana (140 kcal) y un vaso de jugo o una pieza de fruta (50 kcal).

La cena: 400 kilocalorías

Debe comenzar por una sopa de verduras, verduras cocinadas o puré de verduras (que no sea de papas ni de zanahorias) o alguna sopa fría. De segundo 150 g de pescado o un huevo, acompañados de verduras o cereales.

De postre una porción de queso fresco o curado de unos 30 g o un yogur.

De nuevo se adjuntan siete ejemplos de menús para la cena que no superan las 400 kcal y no requieren una elaboración culinaria complicada.

La poscena: 70 kilocalorías

Si no se han consumido tras la comida, ahora se pueden comer tres nueces o su equivalente en cualquier fruto seco (70 kcal).

La recena: 100 kilocalorías

Si se ha cenado temprano, antes de acostarse tomar un vaso de leche o un yogur.

Comida	Cena
MENÚ 1	
Brócoli sazonado al gusto	Puré de puerros y calabacín
Ternera a la plancha con dos jitomates pequeños	Pescado blanco con dos cucharadas de chícharos
MENÚ 2	
Ensalada mixta con una cucharada de atún	Alcachofas rehogadas con ajo y cebolla
Muslo de pollo asado y tres cucharadas de arroz	Huevo frito con tres cucharadas de espaguetis
MENÚ 3	
Garbanzos con espinacas	Ejotes sazonados al gusto
Lomo de cerdo a la plancha con corazones de lechuga	Salmón a la plancha con pimientos asados
MENÚ 4	
Potaje de alubias y verduras	Sopa de verduras
Pechuga de pollo a la plancha con ensalada	Un huevo revuelto con setas

MENÚ 5

Lentejas con verduras	Arroz blanco con verduras
Cordero asado con corazones de lechuga	Pescado blanco con espárragos

MENÚ 6

Coliflor sazonada al gusto	Espaguetis integrales con atún
Ternera a la plancha con berenjenas a la plancha	Un huevo revuelto con jamón

MENÚ 7

Gazpacho sin pan	Menestra de verduras
Paella de pescado	Sardinas en lata con ensalada

*Si no se quiere pesar los alimentos, se debe considerar raciones normales, es decir, que los platos no estén ni muy llenos ni muy vacíos. Estos menús son ejemplos, cada cual puede elaborar otras alternativas similares a su gusto, variando los tipos de pescado y de carne y utilizando cualquier verdura, excepto papas y zanahorias, y fruta, excepto plátano, uva o higo.

Recomendaciones generales

Algunas recomendaciones generales que tener en cuenta:

- No utilizar más de 6 cucharadas de aceite de oliva al día y evitar los alimentos fritos o empanados.

- La leche y los lácteos tienen que ser siempre descremados y no se debe consumir mantequilla o margarina.

- Se puede tomar una copa de vino o de cerveza en el almuerzo y otra en la cena, que suponen un aumento de unas 100 kcal en cada consumo.

- No usar azúcar, solo edulcorantes artificiales; cualquiera de los que estén en el mercado no tienen efectos negativos sobre la salud con las dosis de uso habituales. Evitar los refrescos o jugos artificiales que contengan azúcar; debe decir «light» o «sin calorías» en la etiqueta; el que diga en la etiqueta «no contiene azúcar» no implica que no tenga calorías, ya que puede contener otros azúcares con calorías, como el sorbitol.

- Beber al menos un vaso de agua en el almuerzo y la cena y un litro de agua fuera de las comidas.

- El pescado de la cena debe ser, al menos dos veces a la semana, algún pescado azul (atún, bonito, salmón, sardina, caballa, etc.).

- Usar sal yodada para cocinar y nunca salar los alimentos en la mesa.

- Parte de la guarnición de la comida o la cena se puede sustituir por algo de pan integral (menos de 40 g).

- La ciencia ha demostrado que algunas vitaminas y minerales se precisan en dosis superiores a las recomendadas para evitar una enfermedad carencial. Es por ello muy aconsejable en planes de adelgazamiento el complementar el aporte de vitaminas y minerales con una dosis diaria de cualquier complejo polivitamínico y polimineral de calidad farmacéutica.

Control del peso y pequeños ajustes

Es muy importante disponer de una báscula en casa, para poder controlar la evolución del proceso de adelgazamiento. Debemos pesarnos una vez a la semana y anotar en el cuaderno (en forma de gráfico) los resultados que vayamos obteniendo. Para ello, hay que pesarse siempre en ropa interior o desnudo, y a la misma hora. La mejor hora es a mediodía, justo antes de comer o por la mañana antes de desayunar.

Esto nos permite verificar si estamos cumpliendo las expectativas que nos propusimos al comenzar el plan. Por ejemplo, si queremos perder 2 kg al mes, cada semana debemos perder 500 g. Si al pesarnos vamos cumpliendo esa cuota seguiremos con el plan. Pero por diversas circunstancias puede reducirse el ritmo de pérdida de peso. Esto puede deberse a varias causas, pero una que nos sucede a todos, por muy disciplinados que seamos con la dieta, es que, como ya hemos dicho, cuando se reduce peso disminuye también el gasto calórico. Es decir, si pesábamos 90 kg y en un mes hemos perdido tres kilos, ahora con 87 kg de peso nuestro organismo gasta menos energía, lo que requiere una corrección del plan de alimentación.

En conclusión, si vemos que no perdemos peso al ritmo que teníamos previsto, podemos hacer los siguientes ajustes:

1. Reducción de las kilocalorías del plan de alimentación. Se pueden reducir el tamaño de las raciones en la comida y en la cena.

2. Aumentar la cantidad de ejercicio físico que realicemos. Por ejemplo, caminar o trotar media hora más.

3. Lo mejor es adoptar ambas medidas hasta que recuperemos el ritmo de pérdida de peso.

Puede también ocurrir que la interrupción de la pérdida de peso se deba a los excesos esporádicos. Mientras se sigue este plan, pueden surgir algunos acontecimientos (bodas, bautizos, fiestas populares, las salidas los viernes con los amigos, etc.) que lo alteren. ¡No se preocupe! En vez de frustrarse y no participar activamente en la fiesta, lo que debe hacer es disfrutar del evento sin exagerar y sin remordimientos. Luego deberá compensar el exceso sustituyendo una de las comidas o las dos principales comidas del día siguiente por jugo de frutas naturales sin azúcar añadida.

Cuando los excesos hayan sido durante varios días (las fiestas del santo patrón del pueblo), no hay problema en pasarse uno o dos días sin comer alimentos sólidos, solo a base de jugos de frutas naturales o artificiales sin azúcar. Este ayuno, además de limpiar el organismo de tóxicos, permite reajustar el ritmo de pérdida de peso. El tomar jugos de fruta durante un día no perjudica a nadie; no obstante, aquellas personas que padezcan una enfermedad grave deberán consultar con su médico siempre antes de tomar cualquier decisión en relación con su alimentación, incluido el seguir el plan de alimentación que proponemos.

Hay que tener en cuenta que, en esto de la dietética, más que el tamaño importa la frecuencia. El que nos comamos una «bighamburguesa» con todos sus aditamentos un día que fuimos al cine carece de trascendencia nutricional. Otra cosa sería si la cenáramos tres noches a la semana. Por eso, aquellos alimentos que se consumen esporádicamente (una pierna de cordero asada) apenas tienen repercusión. Otra cosa son aquellos alimentos que se consumen todos los días de nuestra vida y varias veces al día. Por ejemplo, la leche entera (un litro tiene 40 g de grasa, es decir, 350 kcal), la mantequilla o margarina que untamos en el pan tostado dos veces al día (por poco que untemos cada pan puede llevarse 200 kcal de grasa), el alcohol que consumimos cada día en aperitivos o durante las comidas (en cuanto tomemos un par de cervezas y dos copas de vino, ya nos plantamos en las 300 kcal). Estas calorías cotidianas son las que primero debemos controlar si queremos perder peso.

EL MÉTODO PARA ADELGAZAR
QUE SE PROPONE REÚNE LAS SIGUIENTES VENTAJAS:

- Es hipocalórico para la mayor parte de las personas, incluso las sedentarias.

- Es una dieta equilibrada, pues contiene todos los nutrientes y en sus proporciones adecuadas.

- Es variado y agradable, se puede adecuar a los hábitos de cada persona y a las peculiaridades de su región y entorno social.

- Permite ajustarse a la evolución de nuestro peso de manera sencilla.

- No tiene efectos secundarios.

- Es muy beneficioso para aquellas personas que carguen con alguna enfermedad de las llamadas de la opulencia, además del exceso de peso.

- Se puede seguir durante toda la vida sin producir hastío.

CAPÍTULO 6

Plan integral para adelgazar III. Sin movimiento, no hay adelgazamiento

La mejor manera de gastar grasa de nuestra cuenta de ahorro corporal es con el ejercicio. Por eso se comprende que la actividad física es, además de la dieta, el otro elemento esencial en cualquier plan para perder peso. De hecho, es prácticamente imposible adelgazar y persistir en el bajo peso alcanzado sin que la dieta se acompañe de un plan de ejercicios físicos.

No hay comida sin movimiento

Existe una ley universal en biología que establece que todo animal ha de pagar un precio de trabajo muscular para conseguir las kilocalorías de los alimentos. Ya sea un escarabajo, un pez, una oveja, un leopardo o un ser humano, en condiciones naturales de vida, no puede obtener la energía de la comida sin gastar energía muscular para conseguirlo.

Pero la forma de vida actual, el desarrollo económico y la industrialización han alterado esta relación natural. Hoy el ser humano que habita los países desarrollados se ha convertido en el único animal capaz de ingerir enormes cantidades de kilocalorías en forma de alimentos sin gastar ni una sola kilocaloría muscular. Desde este punto de vista, el ejercicio que algunas personas hacen cada tarde en el gimnasio o trotando por las calles es la forma diferida de saldar la deuda energética muscular contraída por los alimentos ingeridos a lo largo del día, que ni se cazaron ni se cultivaron.

Vivimos en una sociedad que tiende al sedentarismo. Cualquier persona puede pasar su jornada desde que se levanta hasta que se acuesta prácticamente sin haber ejercitado sus músculos; sin consumir ni una kilocaloría muscular; solo el mínimo movimiento para realizar las tareas más sencillas: caminar hasta el coche o el autobús, sentarse en la mesa de trabajo o realizar los gestos cotidianos más elementales. Casi nadie gasta energía para conseguir alimento porque incluso en los trabajos que tradicionalmente han requerido un gran esfuerzo físico —como, por ejemplo, la agricultura o la construcción—, el desarrollo de máquinas ingeniosas que realizan cualquier tarea han reducido de forma significativa el esfuerzo que se debe desarrollar.

Si no podemos salir a cazar nuestra comida o a buscar el alimento recolectando plantas en el campo, lo que debemos hacer para estar en paz con nuestra naturaleza es realizar algún ejercicio a diario, aunque sea a destiempo. Si corremos o caminamos durante una hora, moveremos masa muscular suficiente como para compensar la que no hemos movido durante el día. Cualquier ejercicio o deporte vale, cualquier cosa es mejor que estarse quieto.

El ejercicio aumenta el gasto energético

Todo ejercicio físico implica contracción muscular y para que la haya se necesita un aporte extra de energía, cuya magnitud puede variar mucho según las características de la persona (sexo, masa corporal, masa grasa, edad) y según el grado de actividad física realizada (caminar, nadar, trotar, etc.).

Es indudable que las actividades más saludables son los ejercicios de larga duración y moderada intensidad. Por ejemplo, caminar una hora diaria a buen ritmo (6 kilómetros en una hora); trotar durante una hora o cuarenta minutos o, mejor aún, alternar trotar y correr; nadar; ejecutar tablas de gimnasia o ejercicios de musculación al menos tres veces a la semana durante una hora. Cualquiera de estos ejercicios programados como se debe, después de una revisión médica previa y aconsejados por un experto, ejerce un enorme beneficio para nuestra salud y es la mejor forma de garantizar el efecto de un plan dietético para adelgazar.

Hay que tener en cuenta que, si seguimos el plan hipocalórico que recomendamos, que nos aporta menos calorías de las que consumimos, y además promovemos un gasto extra mediante cualquier ejercicio, se origina en nuestro organismo un déficit de energía que tenemos que compensar quemando las reservas de grasa que tenemos ahorradas.

Cómo movernos para perder peso

Hay muchos modelos de ejercicio físico, cada uno con sus indicaciones y dificultades técnicas. Lo más importante es adaptar el tipo y la intensidad del ejercicio físico a las características y las posibilidades de cada persona, así como de los objetivos de pérdida de peso que nos hayamos propuesto.

Es evidente que algunas personas pueden padecer limitaciones que les dificulten la realización de algunos modelos de ejercicio, pero hay que tener en cuenta que hoy las innovaciones tecnológicas han desarrollado máquinas que permiten hacer ejercicio a cualquier persona, por muchas limitaciones que se padezcan. Incluso son eficaces las máquinas que producen vibraciones en la totalidad o en determinadas zonas del cuerpo.

GASTO CALÓRICO (KCAL/HORA)
DE ALGUNAS ACTIVIDADES, SEGÚN EL PESO CORPORAL

Actividad	50 kg	75 kg	100 kg
Jugar golf	260	400	500
Caminar rápido (6 km/h)	300	450	600
Nadar con un esfuerzo moderado	400	700	900
Ciclismo en llano	300	450	600
Trotar (9 km/h)	400	600	800
Sesión de aeróbic de intensidad moderada	300	450	600
Entrenamiento con pesas	300	400	500

Todos debemos ejercitarnos cada día, de manera constante y continuada, a la intensidad que podamos, según nuestras capacidades y disponibilidades. Procediendo de esta manera se consigue que por el organismo circulen de manera permanente hormonas que ejercen efectos beneficiosos sobre nuestra salud y nos ayudan a adelgazar o a mantener el peso que nos corresponde.

Para aquellas personas que nunca han realizado ejercicio es conveniente una visita previa a su médico. En general el ejercicio es saludable si no forzamos nuestros sistemas corporales, sobre todo el corazón y los pulmones. Una recomendación saludable es la siguiente: hasta los 40 años se puede tolerar una frecuencia cardíaca de

130 pulsaciones por minuto. A partir de esa edad se debe reducir en 10 pulsaciones por minuto por década; por ejemplo, a los 60 años no se deben superar las 110 pulsaciones por minuto. Pero aún hay una regla más sencilla: si puede hablar (o cantar si va solo) mientras se ejercita es que sus sistemas van controlados. Si, por el contrario, se ahoga o no puede hablar es que su ejercicio es excesivo para su corazón y sus pulmones.

Vamos a proponer varios niveles de ejercicio físico, que le ayudarán a perder peso, para que cada cual seleccione aquel que más se adapte a sus características físicas.

Nivel 1

En este nivel de actividad pueden encuadrarse aquellas personas que por convicciones personales o por circunstancias laborales o familiares no pueden practicar un deporte o actividad física de manera regular. Para ellos es muy útil el método del cuenta pasos.

Es un truco que suele dar buenos resultados. Se compran un cuentapasos o podómetro, que es una maquinita que cuenta cada paso que damos. Se lo colocan cada mañana al levantarse de la cama y lo deben llevar puesto en la cintura durante todo el día, sin acostarse nunca antes de que marque, como mínimo, más de doce mil pasos, lo que equivale, más o menos, a seis kilómetros recorridos.

Mediante este método lograremos consumir unas 300 kcal, dependiendo del peso, de la edad y del sexo de cada persona. No parece mucho, pero si estamos a dieta y nuestro organismo tiene que quemar grasa para obtener esa energía, dado que la grasa produce 9 kcal por cada gramo quemado, para producir esas 300 kcal nuestro organismo tendría que quemar casi 30 gramos de grasa al día. Ya ven, solo con esa aparente tontería podrían perder casi un kilo al mes.

Nivel 2

Aquellas personas más motivadas y que dispongan de al menos una hora al día pueden caminar durante una hora a buen ritmo (más de 5 km por hora), y tratar de intercalar en el trayecto algún trote lento de unos cuantos minutos. También es recomendable el pedalear en bicicleta de paseo o estática durante una hora. Asimismo, podrían asistir a una hora de aeróbic en el gimnasio o practicar natación durante al menos 40 minutos. Cualquiera de esos ejercicios le proporcionará, dependiendo de las características personales y de la intensidad del esfuerzo, un gasto de entre 300 y 400 kcal diarias.

Si practican cualquiera de estas actividades a la vez que hacen una dieta hipocalórica como la que proponemos, su organismo tendrá que echar mano de sus reservas de grasa. Realizando las mismas cuentas de antes, cualquiera de estos ejercicios ocasionaría, por sí mismo, una pérdida de peso de kilo y medio al mes.

Nivel 3

Para aquellas personas a las que les guste hacer ejercicio y dispongan de tiempo para ello, lo mejor para perder peso es combinar una media hora de trote con media hora de ejercicios de musculación mediante el uso de las máquinas que a tal efecto existen en los gimnasios. Con esta combinación cualquier persona puede superar el gasto calórico de las 400 kcal diarias. Es decir, si se acompaña de un plan de alimentación hipocalórico, pueden llegar a perder un par de kilos al mes solo por el efecto del ejercicio físico.

Nivel 4

Este nivel es para los muy motivados para hacer ejercicio. Aquí se trata de entrenamiento muscular de fuerza con máquinas durante una media hora y luego trotar durante una hora completa. Mediante este patrón se pueden perder más de 500 kcal diarias, como siempre, según las características personales y la intensidad y duración del esfuerzo.

Cómo cambiar nuestro metabolismo con el ejercicio

Podemos aumentar el gasto metabólico basal mediante los ejercicios de musculación, pero esta ventaja también lleva aparejado un pequeño inconveniente. Vamos a comentar estos detalles, ya que este tipo de ejercicios es el más eficaz en los planes de adelgazamiento.

El inconveniente se refiere a que la mayor parte de las personas que comienzan un programa de entrenamiento de musculación, al cabo de un par de meses notan que han aumentado el peso en un par de kilos. Esto se debe a que normalmente las personas sedentarias tienen los músculos poco desarrollados (atrofiados), así que en cuanto comienzan a ejercitarlos y a tonificarlos, los músculos aumentan de volumen y de peso (hipertrofia). Pero esos kilos ganados no son de grasa, son de músculo y de salud.

La ventaja es que el entrenamiento de musculación permite aumentar el gasto energético por dos motivos: por una parte, gastamos más energía durante la media hora que nos ejercitamos con las máquinas o las pesas; por otra parte, al aumentar el metabolismo basal, aumenta el gasto energético durante todo el resto del día.

La razón de este fenómeno es fácil de entender. La masa magra (músculos y huesos) consume mucha energía tanto en ejercicio como en reposo. El entrenamiento de resistencia, con máquinas o con pesas, produce hipertrofia de los músculos y calcificación de los huesos, lo que ocasiona un aumento de la masa magra y por tanto incrementa el gasto metabólico basal. Este es uno de los pocos mecanismos que tenemos a nuestro alcance para aumentar el gasto metabólico basal y, por eso, los efectos sobre la pérdida de grasa son mayores que con cualquier otro tipo de ejercicio.

Este es uno de los mayores defectos de muchas dietas milagrosas y disociadas, que al reducir la masa magra (se pierde músculo y hueso), se reduce el gasto energético del organismo y por eso se mantiene el peso o se recupera con rapidez.

El entrenamiento de resistencia es muy eficaz tanto para perder peso como para prevenir numerosas enfermedades. Diversos estudios han demostrado su eficacia en la prevención y tratamiento de diabetes, hipertensión, osteoporosis y alteraciones de las grasas de la sangre, entre otras.

Hay que hacer ejercicio físico para reducir el saldo de nuestra cuenta de ahorro de grasa corporal aumentando el gasto.

Como mínimo deberíamos ejercitarnos durante una hora seguida, tres días a la semana.

Dos días a la semana deberíamos hacer ejercicios de musculación para desarrollar nuestra masa magra.

Ejercicio no solo es adelgazamiento, es fundamentalmente salud.

Capítulo 7

Cuando la dieta no es suficiente

Hay personas —las que poseen en su genoma bastantes genes ahorradores— a las que les resulta difícil perder peso solo con un plan de alimentación hipocalórico y ejercicio físico, por eso necesitan el apoyo de algún medicamento, de alguna sustancia o grupo de sustancias (naturales o artificiales) que por sus efectos faciliten la acción adelgazante de la dieta y del ejercicio.

El problema es que no existen en el mercado remedios suficientemente eficaces —y a los que se les reconozca oficialmente como fármacos— para el tratamiento de la obesidad como para satisfacer la demanda de este tipo de remedios. Los que hoy podemos encontrar a la venta se agrupan en cuatro categorías: fármacos oficiales para el tratamiento de la obesidad, complejos con reconocimiento científico de un cierto efecto antiobesidad, remedios a bases de plantas que influyen en el peso corporal y productos fraudulentos y peligrosos.

Medicinas antiobesidad oficiales

En este capítulo de remedios oficiales hay un grave problema. Hoy día, en pleno 2012, solo existe un medicamento que oficialmente esté indicado para el tratamiento de la obesidad: el Orlistat (Xenical, Allí, etc.).

El Orlistat es una medicina que fue aprobada oficialmente a principios de 1999 para los tratamientos de reducción de peso de hasta 2 años de duración, como un apoyo a las dos grandes medidas en las que se basa todo tratamiento adelgazante: plan de alimentación hipocalórico y programa de ejercicio físico. Su mecanismo de acción se basa en que una vez ingerida se une a las lipasas, que son los enzimas encargados de digerir las grasas que llegan al intestino con los alimentos, y bloquea su acción. De esta forma se reduce la absorción de parte de las grasas que ingerimos con la dieta. No afecta ni a los hidratos de carbono ni a las proteínas, pero sí a las vitaminas que son grasas, como la A, D, E y K.

En aquellas personas que, además de obesidad, padezcan diabetes, una alternativa que puede ayudarles a bajar peso, sobre todo del abdomen, es la Metformina. Este es un fármaco que inicialmente se utilizaba como hipoglucemiante oral, es decir, para bajar los niveles de glucosa en sangre, pero más tarde se observó que también combatía los efectos de la resistencia a la insulina, que reducía la hiperinsulinemia y que cuando se administraba a diabéticos tipo 2 obesos, se conseguían pérdidas de peso. Pero en la actualidad la administración de Metformina solo está autorizada si el paciente presenta alteraciones de la glucemia que sugieran una diabetes o un estado prediabético.

Complejos con efecto antiobesidad reconocido

Existen algunos complementos de venta en farmacias y parafarmacias que se componen de varias sustancias de procedencia y de estructura muy diversa, que pueden actuar beneficiosamente en la reducción de peso ayudando a una dieta hipocalórica y al ejercicio físico. Comentaremos algunos de estos productos con mayor reconocimiento científico que forman parte de la composición de numerosos remedios para adelgazar:

- Los fructooligosacáridos son un tipo de fibra soluble abundante en vegetales como el espárrago, la cebolla o el puerro, entre otros. Son hidratos de carbono que favorecen el crecimiento de las bacterias beneficiosas que viven en nuestro intestino, como los bifidus. Sus efectos indudables son un alivio del estreñimiento, que en algunas personas se percibe como una reducción de la hinchazón intestinal. También ejercen un cierto efecto saciante.

- El chitosan es un polisacárido derivado de la quitina que se obtiene del caparazón de crustáceos marinos. Esta molécula pertenece al grupo de los hidrogeles superabsorbentes que se utilizan en numerosas aplicaciones de la industria farmacéutica. Al parecer son capaces de atrapar gran cantidad de agua y de grasas, por lo que reducen la absorción intestinal de las grasas ingeridas con los alimentos. Acelera la velocidad del tránsito intestinal, por lo que se reduce la absorción de nutrientes en general. Hay que tener precaución con su uso, ya que se pueden ver afectadas la absorción de algunas vitaminas y minerales. Estos componentes también pueden proporcionar un cierto efecto saciante y aliviar un posible estreñimiento.

- La fucoxantina es una sustancia carotenoide que se obtiene del alga wakame (*Undaria pinnatifida*). A esta sustancia se le atribuyen muchas propiedades en relación con la pérdida de grasa corporal: inhibe la formación de nuevos adipocitos, destruye los lípidos y grasas, reduce la actividad del gen responsable de la acumulación de grasa, aumenta el gasto calórico y reduce el peso corporal. Algunos de sus efectos se han corroborado en estudios en animales de experimentación.

Los complejos antiobesidad también contienen otros componentes con acciones variadas: saciantes, diuréticas, reductoras de la absorción de hidratos de carbono, tónicos hepáticos, etc. Entre ellos tenemos algunos extractos de plantas que luego veremos. En conjunto ejercen efectos protectores hepáticos, aceleran el tránsito intestinal y mantienen la ecología del aparato digestivo, lo que hace que se reduzca la sensación de vientre hinchado que molesta a muchas personas.

En este apartado conviene considerar un grupo de productos como barritas y chocolates que se califican de «adelgazantes». Realmente no adelgazan directamente, pero contienen fibra y muy pocas calorías y producen un efecto saciante. Si sentimos hambre a media mañana y nos comemos una barrita de esas, evitaremos comer un pastel o un bocadillo.

Remedios a base de plantas

Existe una legión de remedios para adelgazar elaborados a partir de plantas, que tienen diversas propiedades y que, indirectamente, pueden ayudar en dietas de adelgazamiento. Los preparados que se venden en farmacias y establecimientos especializados que vengan avalados con un registro sanitario pueden ayudar al proceso de adelgazamiento.

Algunos de estos complementos contienen una gran cantidad de plantas diferentes, lo que complica enjuiciar sus efectos beneficiosos y perjudiciales a causa de la gran cantidad de principios activos que contienen, además de los contaminantes que incluyen, casi de forma obligada, como son los pesticidas utilizados en el cultivo de dichas plantas. También pueden tener contaminación por metales como el mercurio.

Algunas de estas plantas ejercen efectos potentes y por lo tanto pueden desencadenar reacciones secundarias peligrosas. Tal es el caso del *Fucus vesiculosus*, el componente más utilizado para adelgazar, un alga muy rica en yodo que actúa como un estimulante tiroideo y sumado a otros efectos puede desencadenar hipertiroidismo. El potente efecto diurético del *Equisetum arvense,* o cola de caballo, o del té de Java (*Ortosiphon stamineus)* debe tenerse en consideración, ya que sumado a dietas estrictas y otras medidas para adelgazar puede producir alteraciones electrolíticas. Conviene aclarar que el uso de plantas diuréticas solo produce pérdida de líquidos, pero no de grasa.

También se suelen utilizar plantas con efectos laxantes y que inducen saciedad, como la *Cassia angustifolia*, la *Rhamnus frangula* o el alga *Spirulina platensis*. Otras plantas que normalmente se utilizan en estos preparados contienen fibras que generan efectos saciantes como el glucomanano. Algunas contienen sustancias estimulantes con algunos leves efectos destructores de grasa, como el té verde, la *Garcinia cambogia*, el guaraná o la bromelina del ananás. Otras plantas ejercen sus efectos depurativos mejorando la función del hígado, como es el caso de la alcachofa.

Las infusiones habituales como manzanilla, tila, té verde o rojo, el café y la hierba mate benefician la pérdida de peso si, por supuesto, se consumen sin adicionarles azúcar. Proporcionan líquidos, no aportan calorías y en el caso del té y el café son estimulantes.

Las cápsulas, sobres y comprimidos adelgazantes fraudulentos

Dada la carencia de medicinas eficaces y específicas para el tratamiento de la obesidad, no sorprende que el hueco se llene con numerosos remedios mágicos y milagrosos a base de cápsulas, comprimidos, infusiones y fórmulas magistrales para adelgazar. En este grupo cabe todo, y cuando uno analiza lo que se encuentra a disposición del público, queda sorprendido y, a veces, aterrorizado.

El problema con los remedios milagrosos se agrava cuando se consideran aquellas cápsulas, comprimidos e incluso parches para adelgazar, sin marca, que contienen misteriosas sustancias, algunas de las cuales pueden ser muy peligrosas para la salud. En los últimos años el gobierno español, alertado por la gravedad de la situación en torno a estos productos, ha dictado leyes que pretenden controlar la publicidad y dispensación de estos tratamientos milagro. Los decretos regulan la publicidad y la propaganda comerciales, para que se ajusten a criterios de veracidad en lo que atañe a la salud, así como para limitar todo aquello que pueda constituir un perjuicio para ella.

Pero muchas de estas supuestas medicinas para adelgazar se venden por internet, lo que dificulta su control. Contienen numerosas sustancias de diversa procedencia, extractos de plantas, extractos de glándulas animales, minerales, etc. Lo menos importante es que no tengan ningún efecto sobre la reducción de peso; lo malo es que muchos de estos productos pueden hacer daño a nuestra salud.

Por ejemplo, uno de estos productos que se venden en la red se define como: «Suplemento para adelgazar multiacción que está formulado como un reforzador de energía, bloqueador de hidratos de carbono, propulsor del metabolismo, quitahambre y quemador de grasa». ¡Ni más ni menos! Este producto en su versión «súper» contiene: extracto de té verde, pimienta negra, pimienta en polvo, *Gymnemia salvaje*, raíces de orozum, vinagre de manzana, hierba mate, picolinato de cromo, *Garcinia camboya*, naranja amarga, algunas vitaminas (B6, B12, pantoténico), cafeína y 75 mg de levotiroxina (hormona tiroidea) y otros tantos de 5-htp, hidroxitriptófano precursor de la serotonina. Aquí vemos un ejemplo claro de lo que vengo denunciando: en muchos remedios para adelgazar, junto con algunos productos que pueden ejercer un cierto efecto adelgazante, como la cafeína o el picolitato de cromo, se encuentran fármacos peligrosos para la salud a elevadas concentraciones, como la levotiroxina. Cualquier persona que tome ese producto, con el agravante de que nadie le controla la dosis, corre el grave riesgo de desarrollar alteraciones tiroideas.

Artilugios diversos

Las leyes actuales de protección al consumidor han detenido la avalancha de artilugios mágicos que antes, desde las páginas de muchas publicaciones, prometían maravillosos resultados en la reducción de peso en zonas localizadas o del cuerpo en general. Pero aun hoy algunos siguen eludiendo las barreras y de vez en cuando llegan a comercializarse.

Son dispositivos y sistemas para el tratamiento general de la obesidad a cual más insólito. Es de recordar la famosa Joya Devoragrasa, capaz de hacer perder un kilo por noche a la persona que se la ponía para dormir; o la Jarra Magnética Adelgazante, cuya agua disolvía la grasa superflua; o las plantillas adelgazantes, que quitaban peso mientras se llevaban puestas viendo la televisión. Además de toda una colección de anillos, pulseras y demás artilugios. Todo lo que la fantasía sea capaz de producir y los incautos sean capaces de comprar.

Aquellas personas con una gran carga de genes de obesidad pueden ayudarse en su proceso de adelgazamiento de algunos remedios que se venden en farmacias y parafarmacias, los cuales potencian los efectos adelgazantes del plan de alimentación y del ejercicio físico.

No obstante, se debe evitar el consumir cápsulas o sobres comprados por internet, sin control médico, ya que pueden ocasionar daños irreparables a la salud.

Capítulo 8

Cuando solo sobra grasa de aquí, o de allá

La escena es muy típica. Llega una señora a la consulta de un especialista y le solicita: «Mire, doctor, yo solo quiero perder grasa de aquí, de aquí y de aquí —y señala la panza, las caderas y los muslos—, pero no me ponga a dieta porque si dejo de comer, se me arruga la cara y me quedo sin pecho, pero la grasa de los muslos ni se mueve». O ese señor que acude a la consulta porque tiene una barriga desmesurada que parece que le van a estallar los botones de la camisa, mientras que carece de grasa en el resto del cuerpo. Con frecuencia lo que preocupa y urge a una determinada persona no es el tratamiento de un sobrepeso generalizado, sino el perder grasa de ciertas localizaciones muy precisas. Dado que en los adelgazamientos localizados predomina el interés estético, se suele poner tanto empeño en corregir ese molesto defecto que lleva a embarcarse en las más variopintas aventuras.

Sin embargo, frente a la legión de remedios mágicos y milagrosos que nos acechan, hoy día disponemos de procedimientos científicos eficaces que ayudan a suprimir esa grasa localizada que nos molesta, nos afea y en ocasiones también perjudica nuestra salud física o mental. Vamos a describir unos y otros para que cada cual adquiera un conocimiento cabal de la situación.

Los quemadores fraudulentos de la grasa localizada

Los remedios mágicos para el tratamiento de la acumulación localizada de grasa se pueden agrupar en medicinas, ungüentos y artilugios diversos.

Existe una amplia gama de cápsulas y comprimidos que contienen diversas sustancias que, administradas por vía oral, supuestamente reducen la grasa solo ahí donde es necesaria esta reducción. El mecanismo por el cual estas píldoras reducen específicamente la grasa de las caderas y de los muslos —es decir, la llamada celulitis— nos es desconocido y no hay ninguna publicación en revistas de prestigio científico que avale sus pretendidas virtudes.

También inundan el mercado toda una batería de cremas, lociones y emulsiones para aplicar sobre la piel que cubre aquellas zonas en las que se pretende reducir volumen de grasa. Todos estos productos se acompañan de una propaganda que suele resaltar que dicho producto «aplicado en la piel disuelve la grasa en minutos». También existen toda una serie de procedimientos físicos y artilugios que aplican calor o frío o determinadas corrientes u ondas sobre la piel, con o sin la aplicación de algún ungüento exótico. Vamos a analizar qué hay de verdad o de fraude en estos remedios.

En principio desconfíen de aquellos remedios, aparatos o cremas que prometen disolver la grasa en minutos. Ningún producto puede eliminar la grasa subcutánea en minutos, ni siquiera en pocas horas. ¿Cuál es la razón? No hay productos que puedan quemar las grasas como en una hoguera. Lo único que pueden hacer algunos productos es destruir las células grasas. Pero si se rompen los adipocitos, los restos celulares y las gotas de grasa liberadas tienen que eliminarse de la zona subcutánea y esto requiere mucho tiempo. Un ejemplo los va a convencer: cuando se dan un golpe en cualquier parte del cuerpo, se rompen algunas venillas debajo de la piel y sale sangre. La acumulación de sangre subcutánea ocasiona un moratón (también llamado negral o cardenal). ¿Y cuánto tiempo pasa hasta que el organismo elimina ese exceso de sangre, que además se va degradando y va adquiriendo diversos colores? Días, ¿verdad? Pues imagínense cuánto tiempo se requiere para eliminar la grasa subcutánea desprendida de los adipocitos rotos.

Cuando se rompen las células grasas por algunos procedimientos, el proceso fisiológico de eliminación que se pone en marcha es el siguiente. Primero llegan unas células llamadas *macrófagos*, que son células basureros que se van «tragando» los restos de las células y de la grasa. También entra en funcionamiento ese gran sistema de limpieza y alcantarillado que es el sistema linfático.

Los restos celulares y de grasa son aspirados lentamente por los vasos linfáticos y, al cabo de un tiempo, llegan a la circulación sanguínea y por esa vía alcanzan el riñón y el hígado para ser eliminados por la orina o por las heces. Todos estos procesos llevan tiempo (días), así que desconfíen de cremas, lociones y aparatos que prometen resultados rápidos (en minutos).

Los cosméticos que eliminan grasa local

Se ha demostrado que algunas sustancias, cuando se aplican sobre la piel, ejercen un cierto efecto adelgazante, tal es el caso de cremas que contienen aminofilina, pero esto solo se consigue durante aplicaciones prolongadas de días y semanas y en zonas muy localizadas del cuerpo.[1]

Un estudio científico fue llevado a cabo en cincuenta hombres y mujeres con sobrepeso y acumulación de grasa en el abdomen. A unos individuos se les aplicaba crema de aminofilina en la cintura, dos veces al día. A los sujetos del grupo de control se les administraba una crema similar, pero sin aminofilina. Todos los sujetos siguieron la misma dieta hipocalórica de 1 200 kcal y el mismo programa de caminatas. El tratamiento se siguió durante 12 semanas. Al final del estudio los dos grupos, el de control y el que era tratado con aminofilina, habían perdido peso, lo que

---

1 M.K. Caruso, S. Pekarovic, W.J. Raum y F. Greenway, «Topical fat reduction from the waist», Diabetes Obes Metab, 9, 2007, pp. 300-303.

es natural, porque ambos estaban sometidos a una dieta hipocalórica y a un programa de ejercicios. Pero la reducción en el perímetro de la cintura fue de 11 cm en el grupo tratado con crema de aminofilina y de solo 5 cm en el grupo control; las diferencias eran estadísticamente significativas, es decir, no se debían a la casualidad, y el efecto fue similar en hombres y en mujeres.

He detallado este estudio porque demuestra dos cosas interesantes: en primer lugar, que solo podemos confiar en aquellos productos que hayan superado estudios científicos serios como el que se describe; en segundo lugar, que estas cremas no ejercen su efecto en minutos, sino que tardan varias semanas en ejercer su acción, y lo hacen siempre que se apliquen varias veces al día en la zona a tratar.

Existen numerosas cremas, lociones, ungüentos, muchos de reconocidas marcas, con pretendidos efectos adelgazantes en zonas localizadas. Muchos de ellos se anuncian con propiedades hidratantes, reafirmantes y antioxidantes, que hacen la piel más elástica, favorecen la microcirculación y el drenaje de líquidos y toxinas.

Hay que tener en cuenta que para que un producto de aplicación dérmica ejerza su efecto se requieren dos condiciones: en primer lugar que se trate de un principio activo que de verdad actúe destruyendo las células adiposas subcutáneas; en segundo lugar que esa sustancia sea capaz de atravesar la gran barrera que supone la piel, que a simple vista parece poca cosa, pero que está compuesta por más de cien capas de células, unas muertas y otras vivas.

De todas las sustancias que se utilizan en los productos anticelulitis, las que podrían ejercer algún efecto sobre la grasa localizada serían la cafeína, la teofilina del cacao y la xantoxilina de una variedad de pimienta, que, como la aminofilina, de la que antes hemos hablado, pueden ejercer una cierta acción lipolítica en aplicación local.

Todas las firmas recurren al alcohol, los glicoles y los fosfolípidos para conseguir que la cafeína u otras sustancias penetren a través de la barrera de la piel. Pero hoy disponemos de sistemas mucho más eficaces para ello.

Las microinyecciones

Algunas sustancias podrían ejercer algún efecto sobre la grasa local subcutánea si fueran capaces de penetrar en la piel, pero aplicadas en su superficie no se absorben y por ello no actúan. Esto se puede resolver con la mesoterapia.

La mesoterapia es una técnica inventada en 1952 por el médico francés Michel Pistor, que consiste en tratar las zonas afectadas con microinyecciones de un medicamento. Esta técnica es importante en el tratamiento del dolor, agudo y crónico, por ejemplo en la medicina deportiva, y también tiene aplicaciones en el campo de la medicina estética, utilizándose como tratamiento para reducir la celulitis, adiposidades localizadas y arrugas *(mesolifting)*.

Por ejemplo, se ha demostrado que las inyecciones intradérmicas con una mezcla de fosfatidilcolina y desoxicolato (una sal biliar) logran reducir la grasa acumulada subcutáneamente. Estudios realizados en voluntarios han demostrado que la inyección de estas sustancias produce destrucción de los adipocitos, lo que se sigue de un proceso inflamatorio local y de que durante días las células limpiadoras se van llevando los restos de células y de grasas. Al final se desencadena un proceso de fibrosis que ocasiona una retracción de la piel.

La cirugía localizada

Algunas personas acumulan depósitos de grasa exagerados en algunas partes de sus cuerpos (abdomen, caderas, muslos, brazos, etc.). Con frecuencia los adipocitos que componen las acumulaciones de grasa en esos lugares tan antiestéticos tienen unas características metabólicas especiales, diferentes al resto de los adipocitos del organismo. Esto conlleva que un tratamiento convencional para perder peso les adelgace por todo el cuerpo (pierden volumen de los pechos, envejecen el rostro por pérdida de grasa subcutánea de la cara, etc.), pero esos depósitos localizados parecen no moverse. Estas son las indicaciones para recurrir a técnicas de eliminación de la grasa localizada.

Toda persona que decide someterse a alguna de estas intervenciones debe asumir que, si tras la intervención no modifica su estilo de vida, su alimentación y hace algo de ejercicio físico, la grasa volverá a acumularse en los mismos lugares donde se la han extraído, alcanzando el tamaño previo. Hay varias técnicas muy eficaces.

La liposucción

La liposucción es la eliminación de depósitos de grasa debajo de la piel utilizando una cánula de acero inoxidable. La liposucción se puede realizar bajo anestesia general, sedación profunda o mediante anestesia local. La liposucción permite a los cirujanos plásticos eliminar acumulaciones de grasa de lugares determinados del cuerpo tales como el abdomen, las piernas, los brazos, las nalgas y el pecho. Con este método no se alcanza una reducción de peso general, sino una disminución determinada del volumen en ciertos lugares del cuerpo. A veces, la liposucción se efectúa como complemento a otras cirugías, como la abdominoplastia o la cirugía bariátrica.

La lipolisis por cavitación (Liposonicación)

Es una novedosa técnica que permite reducciones de grasas en zonas muy localizadas de nuestro cuerpo. Es un procedimiento en el que se utilizan ultrasonidos que crean, en la zona donde se aplican, unas microburbujas de vacío que luego estallan (*implosionan* es el término correcto) y rompen las células grasas. A causa de la gran focalización de los haces de ultrasonidos, que se pueden dirigir con gran precisión, apenas se produce daño en las estructuras adyacentes musculares, vasculares o en los nervios.

Normalmente, los tratamientos duran 35 minutos y se aplican sobre una zona muy concreta: abdomen, glúteos, zona externa o interna de la pierna. En cada sesión, hay una reducción de volumen de unos 2 cm. Las sesiones se deben realizar cada 72 horas, tiempo necesario para que el organismo elimine la grasa. Se recomienda realizar entre 6 y 12 sesiones, dependiendo de la zona tratada y del estado del paciente.

La criolipolisis

Es una técnica muy novedosa diseñada por unos médicos de Estados Unidos y probada científicamente con éxito en algunos hospitales. Consiste, literalmente, en congelar una porción de las células grasas (o adipocitos) de la zona a tratar, lo que ocasiona la muerte y destrucción de las células congeladas.

Solo sirve para tratamientos de grasa muy localizada en pequeñas porciones del cuerpo. Con el aparato se pellizca la longita a eliminar, se produce un vacío por succión (un superchupetón), se congela a cuatro grados bajo cero la zona pellizcada y se mantiene el frío durante más de una hora para destruir las células grasas. Estas células muertas se van eliminando poco a poco a lo largo de los meses siguientes a la intervención, mediante la actuación de las células limpiadoras y el sistema linfático.

El procedimiento tiene pocos efectos secundarios. Algunos pacientes sienten hormigueo, calambres o adormecimiento en la zona tratada durante varias semanas. La presión del vacío puede causar hematomas que desaparecen con el tiempo. El resultado se mantiene durante largo tiempo si, como en todos los casos, el paciente adopta un estilo de vida saludable con ejercicio y un plan de alimentación equilibrado. De lo contrario los adipocitos vuelven a proliferar en el mismo sitio y la lonja vuelve a alcanzar el mismo tamaño.

Otros tratamientos localizados

La gran demanda de reducciones localizadas de grasa hace que la industria intente ofrecer dispositivos a los que atribuyen nuevos y potentes efectos. En muchos casos son combinaciones de otros varios.

Tal es el caso, por ejemplo, de la llamada *Vela Smooth* o *Vela Shape*. Es un nuevo dispositivo que se está poniendo de moda para el tratamiento de la celulitis. Está basado en la tecnología Elos (Electro Optical Synergy), es decir, que combina cuatro modalidades: luz infrarroja controlada, succión por vacío, movilización mecánica y energía eléctrica bipolar de conducción, que antes se solían aplicar por separado. Parece que hay estudios científicos hospitalarios que avalan su eficacia siempre que se apliquen al menos ocho sesiones (una cada semana) de 40 minutos de duración cada una.

También se utiliza mucho la *presoterapia,* que no es más que un masaje mecánico que, indudablemente, como cualquier masaje, ayuda a la circulación linfática y venosa y por eso favorece el drenaje de líquidos e impurezas subcutáneas. Pero en este caso no elimina directamente las masas grasas subcutáneas. Se está utilizando como medida coadyuvante a otras técnicas como la liposonicación, para favorecer la eliminación de los restos de las células grasas y de su contenido.

El *lipomasaje* LPG es una de las últimas novedades para la reducción de grasa localizada. Es una máquina con tres rodillos que permiten tres tipos de movimientos diferentes, con la que se masajea la zona de donde se requiere eliminar la grasa. Su aplicación correcta exige conocimientos anatómicos y fisiológicos, por lo que solo debe aplicarse por un profesional titulado, con la formación adecuada.

La abdominoplastia

El abdomen (la panza) es uno de los lugares del cuerpo donde es más difícil perder peso. Cuando, además de la acumulación de grasa, la piel está flácida y los músculos abdominales son débiles, una abdominoplastia (parcial o total) puede ayudar a restaurar la forma del cuerpo, ya que elimina el exceso de piel y de grasa de la zona media y baja del abdomen y mejora la tensión de los músculos de la pared abdominal.

Se trata de una intervención quirúrgica y por ello requiere un estudio clínico previo. La operación ha de realizarse bajo anestesia general y en un hospital. Una abdominoplastia dura generalmente de dos a cinco horas, dependiendo de si es parcial o total. Requiere desde unas cuantas horas a varios días de hospitalización, tras la cirugía.

Existen algunos procedimientos científicamente probados que permiten eliminar la grasa localizada que tanto nos molesta:

1. Algunas cremas y lociones aplicadas (manualmente o mediante microinyecciones) tres veces al día durante algunas semanas.

2. Cirugía: liposucción y abdominoplastia.

3. Métodos no quirúrgicos: liposonicación, criolipolisis y tecnología Elos.

Capítulo 9

En casos extremos: cirugía bariátrica

Se llama cirugía bariátrica a la que se realiza para el tratamiento de la obesidad. Esta cirugía está indicada en aquellos pacientes que padecen una obesidad mórbida, con un IMC superior a 40, que ya han intentado adelgazar por procedimientos médicos sin resultado, y en aquellos obesos que padecen complicaciones graves características de la obesidad (diabetes; alta presión sanguínea; enfermedades cardiovasculares; osteoartritis de las juntas de los huesos que cargan el sobrepeso; problemas respiratorios, como apnea del sueño, que ocasiona paros respiratorios mientras se duerme, somnolencia durante el día y riesgo de accidentes; reflujo esofágico que causa acidez; depresión; infertilidad, e incontinencia urinaria) que aconsejan una reducción drástica del peso corporal.

Hay muchas técnicas, cada una con su indicación específica, y los avances tecnológicos permiten soluciones cada vez más eficaces y técnicamente menos invasivas, como las realizadas mediante laparoscopia a través de una pequeña incisión en el abdomen. Muchas personas que se operan bajan de peso rápidamente y, si siguen las recomendaciones de su dieta y hacen ejercicio, podrán mantenerse en el peso apropiado.

En todos los casos, antes de la intervención el paciente debe ser estudiado por un equipo interdisciplinar compuesto por un endocrinólogo, un psicólogo, un nutricionista y un cirujano, para evaluar si la intervención a realizar está indicada y es segura para cada paciente concreto.

Balón intragástrico

Este procedimiento no es quirúrgico en el sentido estricto. Se trata de llenar parcialmente el estómago con un balón inflable que se introduce por la boca. Una vez inflado dentro del estómago, se reduce la capacidad gástrica, por lo que crea sensación de saciedad por pocos alimentos que se coman y, por eso, ayuda a seguir una dieta estricta. El balón intragástrico está diseñado para ser un complemento al plan dietético hipocalórico y debe retirarse después de haber logrado el objetivo previsto. Esto se realiza simplemente mediante su desinflado y retirada por la boca, sin molestias ni complicaciones.

La cantidad de peso que se pierde depende del cumplimiento del plan de alimentación y el programa de ejercicio físico que se prescriba. En promedio, gran parte de los pacientes bajan 15 kilos en los seis meses de tratamiento.

La banda gástrica ajustable

Una banda gástrica es un dispositivo que se introduce mediante un sencillo procedimiento quirúrgico a través de unas pequeñas incisiones en el abdomen y se coloca alrededor de la parte superior del estómago. La banda se cierra, oprime el estómago y lo divide en dos partes. El nuevo estómago, de menor volumen, reduce la capacidad funcional del estómago. Esto ayuda al paciente a seguir el plan hipocalórico prescrito y permite una pérdida paulatina de peso hasta alcanzar los objetivos propuestos. Es completamente reversible.

Bypass *gástrico*

Se trata de limitar la cantidad de comida que puede comer y digerir el paciente. Es un procedimiento irreversible, así que esa modificación persiste para toda la vida y exige cambios permanentes en el estilo de vida y en la alimentación. Por esta razón, el *bypass* gástrico no está indicado para cualquier persona obesa.

El *bypass* gástrico se realiza bajo anestesia general y requiere varios días de hospitalización. Una vez recuperado de la intervención, el paciente debe seguir las instrucciones para su alimentación, que aumenta progresivamente desde purés y líquidos, al principio, a alimentos blandos más tarde, y que va a tener que seguir durante toda su vida.

La gastroplastia

Este es uno de los métodos más utilizados en la actualidad para el tratamiento de aquellos pacientes obesos que no logran mantener un peso adecuado mediante tratamientos convencionales (dieta más ejercicio).

El procedimiento consiste en reducir la capacidad del estómago cosiendo una parte mediante grapas de titanio y colocando una banda de polipropileno. Estos materiales son hipoalergénicos y pueden permanecer en el interior del organismo durante toda la vida sin ocasionar problemas de rechazo. El estómago se reduce a una especie de tubo que conduce los alimentos directamente al intestino.

El paciente comienza a perder peso tras la cirugía y, una vez estabilizado en su nueva manera de alimentarse, logra mantener un peso adecuado que no represente un peligro para su salud.

¿QUIÉN SE DEBE OPERAR PARA PERDER PESO?

1. Aquellas personas obesas de IMC mayor de 40 que hayan intentado adelgazar repetidas veces, mediante varios métodos.

2. Aquellas personas obesas que deban adelgazar rápidamente por motivos de salud (hipertensión, diabetes, enfermedad cardiovascular).

Los métodos quirúrgicos no son métodos caprichosos para permitir adelgazar a cualquier persona sin esfuerzo. De hecho, el éxito del tratamiento quirúrgico depende de la disciplina del paciente en la alimentación y el estilo de vida que adopte tras la intervención.

Capítulo 10

Obesidad infantil

La obesidad en la infancia y en la adolescencia es un grave problema de salud y España es, a este respecto, un líder mundial. La mayor parte de los estudios, incluido el que nosotros realizamos en los niños extremeños, muestran que la obesidad afecta a un 10% de los menores de 18 años de edad y el sobrepeso a un 20 por ciento.[1]

La mayor parte de los niños obesos presentan alteraciones que pueden dañar seriamente su salud presente y futura. Muchos de ellos desarrollan diabetes del adulto a edades a las que antes no se diagnosticaba este tipo de enfermedad; otros tantos tienen alteraciones del colesterol, y muchos otros padecen hipertensión. Casi todos comienzan a desarrollar en la infancia alteraciones que les acarrearán graves problemas para la salud en la edad adulta; por ello, el asunto de la obesidad infantil preocupa mucho a las autoridades sanitarias de los países desarrollados.

---

[1] «Factores etiológicos y de riesgo cardiovascular en niños extremeños con obesidad», *Revista Española de Cardiología,* 2008.

Cómo saber si un niño es obeso

Es difícil evaluar la obesidad en los niños, ya que, de la infancia a la adolescencia, su cuerpo sufre grandes cambios en la forma y adopta patrones distintos según el sexo.

Los valores de IMC que hemos descrito para el diagnóstico de la obesidad en los adultos no son de aplicación por debajo de los 18 años de edad. Para diagnosticar el sobrepeso y la obesidad en niños y adolescentes hay que recurrir a las curvas de percentiles. Una copia de estas curvas se puede conseguir en la página de internet http://mono_obeso.typepad.com/photos/obesidad_infantil/imagen4.html.

Si piensa que un niño está algo gordito, tiene que calcular su IMC según hemos explicado antes, y entonces leer el valor obtenido sobre las curvas para niños o para niñas, según se trate, y para la edad correspondiente. Si el valor de IMC calculado llega al percentil 90, el niño tendrá sobrepeso; si la cifra llega al percentil 95, es obeso. Por ejemplo, niños de 4, 8, 12 y 14 años de edad tendrán sobrepeso si tienen un IMC superior a 18, 19, 21 o 23 respectivamente. A esas mismas edades los niños serán obesos si su IMC es mayor de 20, 21, 25 o 28 respectivamente.

Las causas de la obesidad infantil

Como venimos insistiendo en el caso de la obesidad de los adultos, en los niños la acumulación excesiva de grasa en su cuenta de ahorro adiposa se debe fundamentalmente a que en el cuerpo de nuestros niños entra más energía de la que sale. Además hay que considerar que los niños también poseen en su genoma una proporción variable de genes ahorradores, lo que va a condicionar una mayor o menor tendencia a engordar y las dificultades para responder a un plan integral para perder peso.

En el cuerpo de los niños entra hoy más energía porque los niños, y sobre todo los adolescentes, tienen a su disposición una amplia gama de bebidas y de alimentos preparados muy atractivos, sabrosos y llenos de calorías, a los que es muy difícil resistirse.

Los niños gastan poca energía porque hoy apenas se mueven. Van al colegio en vehículo, la clase de educación física suele ser voluntaria y en el recreo (hoy lo llaman *segmento de ocio*) solo juegan con el celular o con los videojuegos. Pasan la tarde metidos en casa haciendo los deberes del colegio o delante de una pantalla (de televisión, computadora o videojuegos) y apenas salen a jugar a la calle o al parque.

Así tenemos ya los dos elementos fundamentales para estar gordo: exceso de ingreso de kilocalorías en forma de alimentos y reducción del gasto de energía por ejercicio físico. A ello le añadiríamos otros factores importantes: los genes de obesidad heredados, la falta de educación nutricional, disponer de dinero para comprar chuches y golosinas, etc. El problema familiar a veces es grave. Cuando preguntas a algunas madres qué cenan sus hijos, suelen contestar que ellos mismos toman lo que quieren del refrigerador, lo ponen en una bandeja y se lo llevan a su cuarto para consumirlo mientras chatean en la computadora.

Qué hacer con los niños gorditos

Mi recomendación es que, si el niño es obeso, lo primero que hay que hacer es consultar al médico, para que le haga una exploración y una analítica completas, y seguir sus indicaciones. Hay de todas formas una serie de normas generales muy claras y muy eficaces para prevenir o tratar el sobrepeso en los más jóvenes, que vamos a comentar.

Nunca debemos poner a un niño a dieta, salvo en circunstancias excepcionales, y menos aún si se trata de una niña. Ya se ha dicho que el desencadenante principal de una anorexia nerviosa es una dieta estricta. Lo que sí podemos hacer es intentar corregir los defectos más graves de su alimentación, casi sin que se dé cuenta el interesado.

Hay que evitar el llamado *embudo alimentario*, es decir, que se alimenten solo de unos pocos alimentos diferentes en grandes cantidades. Hay que aumentar la variedad de su alimentación todo lo que seamos capaces, sobre todo en los capítulos más difíciles en esas edades, como son las frutas, las verduras y las hortalizas.

Debemos procurar reducir en la alimentación de los niños las grasas saturadas y esas otras tan dañinas que cada vez abundan más en los alimentos preparados, las grasas *trans*. Les voy a poner algunos ejemplos reales que le proporcionarán una dimensión exacta del problema.

Un adolescente que no sea muy activo suele gastar entre 2 000 y 2 500 kcal cada 24 horas. Si bebe un litro de leche entera al día (40 g de grasa), ingiere unas 600 kcal; si su madre le unta margarina en el bocadillo de la mañana y en el de la tarde (cada porción que arrastra del recipiente con el cuchillo son 10 g, es decir, 90 kcal), ya tiene otras 400 kcal, y si se come una bolsa de papas fritas, golosinas o similares, entran otras 500 kcal. Con solo esto el niño ha ingresado en su organismo 1 500 kcal, además de la peor calidad. ¡Casi la totalidad de sus necesidades energéticas diarias se han satisfecho con solo estos tres alimentos!

En cuanto a los niños obesos y con sobrepeso, hay que procurar que no consuman dulces, ni refrescos ni alimentos con elevado índice glucémico, tanto entre horas como en las comidas. Gran parte del exceso de peso de los más jóvenes es consecuencia de la resistencia a la insulina y del exceso de insulina circulante que padecen. Esto lo han podido demostrar numerosos estudios, incluido el que nosotros hemos realizado en la población infantil de Extremadura. Cuando comen dulces, la glucosa que penetra en su organismo dispara la secreción de insulina y esta hormona estimula la acumulación de grasa.

El consumo energético recomendado, según la edad, para niños moderadamente activos es aproximadamente de 1 250 kcal/día de 1 a 3 años, 1 700 kcal/día de 4 a 5 años, 2 000 kcal/día de 6 a 9 años. En la adolescencia (de 10 a 12 años de edad) se considera un consumo recomendable de 2 300 a 2 400 kcal/día para las niñas y de 2 400 a 2 750 kcal/día para los niños.

¿QUÉ HACER CON LOS NIÑOS GORDITOS?

1. Apuntarlos a una actividad deportiva.

2. Limitar el número de horas delante de una pantalla a dos al día.

3. Suprimir alimentos grasos: margarina, mantequilla, cualquier fritura (en bolsa o natural), leche entera y embutidos.

4. Suprimir alimentos de elevado índice glucémico: dulces y pasteles, azúcar, miel, papas en todas sus formas, cereales del desayuno sin fibra y arroz blanco y fiambre con fécula.

5. Aumentar el consumo de frutas y verduras.

Agradecimientos

Quiero expresar mi agradecimiento a todos aquellos que tanta importancia y responsabilidad han tenido en mi dedicación al estudio de la nutrición, la obesidad y la diabetes.

En primer lugar debo agradecer al profesor Carlos Osorio, que me diera la oportunidad de iniciarme en la investigación y en la clínica en la Facultad de Medicina de la Universidad de Granada y en el Hospital Clínico San Cecilio. Debo una especial mención a los profesores Alfred Luyckx y Pierre Lefebvre, que me acogieron durante casi dos años en la Unidad de Diabetología del Hospital Sart Tillman de la Universidad de Lieja, en Bélgica. También, a los profesores Steve Ashcroft y Philip Randel, con los que completé mi formación en la Unidad de Bioquímica Clínica del hospital John Radcliff de la Universidad de Oxford, en Gran Bretaña.

Finalmente quiero expresar mi gratitud a aquellos que han sido mis colaboradores entusiastas y de los que he aprendido, posiblemente más de lo que yo les pueda haber enseñado. Ante la imposibilidad de citar a tantos, deseo resaltar la colaboración de las asistentes de laboratorio Monique Marchand, Pilar Pérez y María José Ayala y de los profesores Eduardo Rodríguez, Manuel Castillo, Ignacio Osuna y Juan Moreno, y las profesoras María Ángeles Tormo y María Dolores Torres.

Las páginas de este libro llevan, en gran parte, el poso maduro de lo que aprendí de todos ellos. Muchas gracias.